Contraste insuffisant

NF Z 43-120-14

Y 6462
D+a 15.

(C)

Yk 332

SHAKESPEARE.

TOME QUINZIÉME.

SHAKESPEARE
TRADUIT
DE L'ANGLAIS,
DÉDIÉ AU ROI.
Par M. LE TOURNEUR.

TOME QUINZIÈME.

A PARIS,
Chez PAUTEUR, cul-de-sac Saint-Dominique, près
le Luxembourg;
Et MÉRIGOT jeune, Libraire, quai des Augustins.

M. DCC. LXXXI.
Avec Approbation & Privilége du Roi.

LE MARCHAND
DE VENISE.

PERSONNAGES.

LE DUC DE VENISE.
LE PRINCE DE MAROC.
LE PRINCE D'ARRAGON.
ANTONIO, *Marchand de Venise.*
BASSANIO, *son ami & Amant de Portia.*
SOLANIO. ⎫
GRATIANO. ⎬ *amis d'Antonio & de Bassanio.*
SALARINO. ⎭
LORENZO, *amant de Jessica.*
SHYLOCK, *Juif.*
TUBAL, *autre Juif, ami de Shylock.*
LANCELOT, *domestique du Juif.*
GOBBO, *père de Lancelot.*
SALÉRIO, *Messager de Venise.*
LÉONARDO, *domestique de Bassanio.*
BALTASAR. ⎫
STÉPHANO. ⎬ *domestiques de Portia.*
PORTIA, *riche héritière de qualité.*
NÉRISSA, *suivante de Portia.*
JESSICA, *fille de Shylock.*
SÉNATEURS DE VENISE, *un* GEOLIER, VALETS, &c.

La Scène est tantôt à Venise, tantôt à Belmont, Château où réside Portia.

LE MARCHAND
DE VENISE.

ACTE PREMIER. (†)

SCÈNE PREMIÈRE.

La Scène est dans une Rue de Venise.

ANTONIO, SALARINO, & SOLANIO.

ANTONIO.

De bonne foi, je ne sais pourquoi je suis triste. (§) J'en suis fatigué : vous dites, que vous en êtes fatigués aussi : mais comment j'ai pris ce chagrin, où je

---

(†) Cette Pièce a été représentée avant l'année 1598.

(§) Les pressentimens secrets d'un malheur, si naturels à l'ame, sont ici peints avec force. Il est inutile de demander à la Philosophie la raison de ces pressentimens, pas plus que des songes nocturnes & prophétiques; tout ce que nous pouvons

j'ai trouvé, rencontré, je fuis encore à l'apprendre. — Je fuis tellement accablé d'une triftefse ftupide, que j'ai bien de la peine à me connoître moi-même.

SOLANIO.

Votre ame eft agitée fur l'Océan : elle y fuit vos larges vaiffeaux (†), qui dans leur fuperbe mâture, vôguant fur les flots, femblent les Seigneurs ou les premiers Citoyens des mers, & dominent fur le peuple des menus navires, qui leur rendent un humble hommage, & paffent près d'eux emportés par leurs aîles de lin.

SALARINO.

Croyez-moi, Monfieur : fi j'avois une pareille mife

___

faire, eft d'acquiefcer à la vérité des faits, qu'une expérience trop répétée, dans mille circonftances remarquables, a trop confirmée, pour qu'on puiffe les attribuer au pur hafard. Telle eft l'opinion de Miftriff Griffith : opinion qu'on ne peut pas taxer de populaire, qui eft celle de bien des gens inftruits, & que pourtant la Philofophie combat & rejette.

(†) *Argofies*, ne fignifie pas vaiffeaux d'Argos, comme l'a prétendu M. Pope ; mais c'eft une corruption de *Ragofies*, vaiffeaux de Ragufe. Les Ragufains prêtèrent leur dernier vaiffeau au Roi d'Efpagne, pour l'invincible Armada, & il fe perdit fur la côte d'Irlande, *Steevens*.

expofée à l'aventure, la plus grande partie de mes penfées & de mes affections feroit errante au loin à la fuite de mes efpérances. On me verroit toujours arrachant des brins d'herbe légers, & les jettant en l'air, pour connoître de quel côté foufflent les vents; & attaché fur les cartes à chercher les ports, les moles & les routes; & chaque objet qui pourroit me faire craindre un malheur pour ma cargaifon, ne manqueroit certainement pas de me rendre trifte (†).

SOLANIO.

La moindre haleine, qui ne feroit que rider & refroidir mon bouillon, me fouffleroit une fièvre, en penfant quel défaftre un vent violent pourroit caufer fur mer. Je ne pourrois voir un fablier s'écouler, que je ne fongeaffe aux bancs de fables, aux bas-fonds, & que je ne viffe mon riche André ($) engravé, & fon grand mât s'abaiffer plus bas que fes flancs, comme pour baifer fon tombeau. Pourrois-je aller à l'Eglife & voir les pierres de l'édifice facré, fans me rappeller auffi-tôt l'idée de rochers dangereux; qui en effleurant feulement les côtes de

---

(†) Où eft le tréfor de l'homme, là eft fon cœur. *Mrs Griffith.*
($) Nom de fon navire.

mon cher vaiſſeau, diſperſeroient toutes mes épices ſur les flots, & habilleroient de mes ſoies les vagues en fureur? En un mot, ſans penſer qu'en un clin-d'œil je paſſe de la richeſſe à la pauvreté? Puis-je ſonger à tous ces haſards, & ne pas ſonger en même-tems, qu'un pareil malheur, s'il m'arrivoit, me rendroit triſte? —Tenez, ne m'en dites pas davantage : je ſuis ſûr, qu'Antonio eſt triſte, parce qu'il ſonge à ſes marchandiſes.

ANTONIO.

Non, croyez-moi. J'en rends graces au ſort : toutes mes eſpérances ne ſont pas aventurées ſur un ſeul vaiſſeau, ni deſtinées pour une ſeule place : & mes richeſſes ne dépendent pas toutes des accidens de cette année. Non, ce ne ſont pas mes marchandiſes qui me rendent triſte.

SALARINO.

Hé bien, vous-êtes donc amoureux?

ANTONIO.

Fi donc!

SOLANIO.

Vous n'êtes pas amoureux non plus? En ce cas, diſons donc que vous êtes triſte, parce que vous n'êtes pas gai : & il vous feroit tout auſſi aiſé de rire, de danſer & de dire, que vous êtes gai, parce que vous n'êtes pas triſte. Par Janus au double viſage, la Nature forme quelquefois dans ſes caprices d'étranges perſonnages. Les uns, qui, les yeux à demi fermés (†), vont ſe mettre à rire comme des perroquets, à la vue d'un Joueur de cornemuſe ; & d'autres, d'une mine ſi refrognée, qu'ils ne montreroient pas ſeulement le bout de leurs dents (§), pour faire ſoupçonner le ſourire, quand Neſtor en perſonne jureroit que la plaiſanterie doit faire rire aux éclats.

SCÈNE II.
Les Acteurs précédens.

BASSANIO, LORENZO, GRATIANO, SOLANIO.

Voici Baſſanio, votre noble allié, avec Gratiano & Lorenzo. Adieu, portez-vous bien : nous vous laiſſons en meilleure compagnie.

(†) Lorſqu'on rit, les yeux ſe ferment à demi. *Warburton.*
(§) Ces eſpèces de caractères ne montrent leurs dents, que lorſqu'ils ſont en colère. *Warburton.*

SALARINO.

Je serois volontiers resté jusqu'à ce que je vous eusse rendu joyeux, si de plus dignes amis ne m'avoient prévenu.

ANTONIO.

C'est de votre part, une tendre & sensible affection pour moi : je suppose que vos affaires vous appellent, & que vous saisissez l'occasion de nous quitter.

SOLANIO.

Bon jour, Messieurs.

BASSANIO.

Eh bien, Messieurs, quand rirons-nous? Répondez; quand? Vous devenez d'une singularité outrée. Cela durera-t-il?

SOLANIO.

Nous allons expédier nos affaires, & nous sommes à vous. (*Solanio & Salarino sortent.*)

SCÈNE

SCÈNE III.

Les autres Personnages.

LORENZO.

Seigneur Baſſanio, puiſque vous voilà avec Antonio, nous allons vous laiſſer enſemble. Mais à l'heure du dîner, ſouvenez-vous, je vous prie, du lieu de notre rendez-vous,

BASSANIO.

Je ne manquerai pas de m'y rendre.

GRATIANO.

Vous n'avez pas bon viſage, Seigneur Antonio. Tenez: vous mettez un trop grand prix aux affaires de ce monde; c'eſt en perdre les plaiſirs, que de les acheter par trop de ſoins. Vous êtes étonnamment changé, croyez-moi.

ANTONIO.

Je ſais apprécier le monde, Gratiano, pour ce qu'il eſt: un théatre, où chacun doit jouer ſon rôle; le mien eſt d'être triſte.

GRATIANO.

Que le mien soit donc d'être fou (†). Que les rides & la vieillesse viennent au milieu de la joie & des ris, & que mon foie soit plutôt brûlé par le vin, que mon cœur glacé par de morfondans soupirs. Pourquoi un homme qui a le sang chaud, seroit-il morne & immobile comme la statue de son grand-père en albâtre ; dormant tout éveillé, & se donnant la jaunisse par sa mauvaise humeur ? Ecoute, Antonio. (Je t'aime, & c'est mon amitié qui parle.) Il y a une espèce de gens dont les visages nébuleux se couvrent d'écume, comme l'eau dormante d'un étang, & qui entretiennent un calme & un sérieux obstinés pour se parer d'un air de sagesse, de gravité, de profondeur d'esprit, & qui semblent vous dire : *Monsieur, je suis un Oracle. Quand j'ouvre la bouche, que les chiens se gardent bien de japer* (§). O ! mon cher Antonio, j'en connois de cette trempe, qui ne doivent qu'à leur silence leur réputation de sagesse, & qui, j'en suis sûr, s'ils parloient, ne manqueroient pas de damner par les

___

(†) Allusion à la comparaison qu'on fait ordinairement de la vie humaine, à une Pièce de Théâtre.

(§) Expression proverbiale.

DE VENISE.

oreilles leurs Auditeurs, qui ne pourroient s'empêcher de traiter leurs frères de fous (†). Je t'en dirai plus long une autre fois. Mais ne va pas pêcher avec cet hameçon mélancolique, pour attraper cette vaine réputation de sagesse, le gougeon des sots. — Allons, venez, cher Lorenzo. (*à Antonio*.) — Portez-vous bien cependant. Je viendrai finir mon sermon après-dîner (§).

LORENZO à *Antonio*.

Oui: nous allons vous laisser jusqu'à l'heure du dîner. — Il faudra que je devienne un de ces sages muets; car Gratiano ne me donne jamais le tems de parler.

GRATIANO.

Fort bien. Tiens-moi encore compagnie deux ans, & tu ne connoîtras plus le son de ta voix.

(†) Damner & appeller leurs frères fous. Allusion à ce passage de l'Evangile: *Ego autem dico vobis, quia omnis qui irascitur fratri suo, reus erit judicio. Qui autem dixerit fratri suo, Raca: reus erit Consilio. Qui autem dixerit, fatue, reus erit gehennæ ignis.* Matth. c. 5. v. 22.

(§) Allusion à la pratique vaine des Prédicateurs Puritains de ce tems, qui généralement fort prolixes & fort ennuyeux, étoient souvent forcés de remettre à l'après-dîner la partie de leur Sermon, appellée l'*Exhortation*.

ANTONIO.

Adieu, il me rendra bavard.

GRATIANO.

Tant mieux, ma foi : car le silence ne convient qu'à une langue de bœuf fumé, & à une fille qui n'est pas de défaite. (*Gratiano & Lorenzo sortent.*)

SCÈNE IV.

ANTONIO, BASSANIO.

BASSANIO.

GRATIANO est l'homme de Venise qui débite le plus de riens. Sa raison est comme deux grains de bled cachés dans deux bottes de paille. Vous allez les chercher un jour entier avant de les trouver, & quand vous les avez trouvés, ils ne valent pas la peine que vous avez prise.

ANTONIO.

Fort bien. Dites-moi: quelle est donc cette Dame, auprès de laquelle vous avez juré de faire un secret pélerinage? Vous m'avez promis de m'en parler aujourd'hui.

BASSANIO.

Vous n'ignorez pas, Antonio, dans quel délabrement j'ai mis mes affaires, en voulant tenir un état plus fastueux, que les bornes de ma fortune ne me le permettoient. Je ne me plains pas de me voir resserré & déchu de ce luxe; mais mon premier soin est de me tirer avec honneur des dettes considérables, que j'ai contractées par un peu trop de prodigalité. Je vous dois beaucoup, Antonio, tant en argent qu'en amitié; & c'est sur votre amitié que je me repose, pour trouver les moyens de m'acquitter.

ANTONIO.

Je vous conjure, mon cher Bassanio, dites: de quoi s'agit-il? Si c'est quelque chose, (& il n'en sauroit être autrement avec vous) qui soutienne les regards de l'honneur, soyez sûr que ma bourse est ouverte, que ma personne & toutes mes facultés sont dévouées à vous servir.

BASSANIO.

Lorsque j'étois encore écolier, dès que j'avois perdu une de mes flèches, j'en décochois une autre dans la même direction, mettant plus d'attention à suivre son vol, afin de retrouver l'autre;

en rifquant de perdre les deux ; & fouvent je les retrouvois toutes deux. Je vous cite cet exemple de mon enfance, parce que je vais vous parler le langage de la candeur. Je vous dois beaucoup : mais comme un jeune homme étourdi & entêté, ce que je vous dois, eft perdu. Mais fi vous voulez rifquer une autre fléche du même côté où vous avez jetté la première, je ne doute pas que par ma vigilance à obferver fa chûte, je ne retrouve les deux, ou du moins que je ne vous rapporte celle que vous aurez hafardé la dernière, en demeurant avec reconnoiffance votre débiteur pour l'autre.

ANTONIO.

Vous me connoiffez ; & c'eft un tems que vous perdez en tournant ainfi autour de mon amitié. Vous me faites fûrement plus de tort en doutant de mes fentimens, que fi vous dépenfiez tout ce que je pofsède. Dites-moi donc ce que je dois faire pour vous, & ce que vous croyez poffible à moi de faire, & je fuis prêt : parlez.

BASSANIO.

Il eft dans Belmont une riche héritière ; elle eft belle, plus belle que ce mot, & douée de vertus & de qualités rares. J'ai déja reçu anciennement de ses yeux quelques messages muets .(†). Son nom est Portia. Elle ne le céde en rien à la fille de Caton, la Portia de Brutus. L'univers connoît son mérite ; car les quatre vents lui amènent, de toutes les contrées, d'illustres adorateurs. Sa blonde & éclatante chevelure tombe en boucles sur ses tempes comme une toison d'or : ce qui rend le séjour de Belmont une seconde Colchos, où nombre de nouveaux Jasons se rendent pour la conquérir. O ! mon cher Antonio, si j'avois seulement le moyen d'entrer en concurrence avec eux, j'ai dans mon ame un pressentiment qui me dit, que mon succès me conduiroit infailliblement à ce bonheur.

ANTONIO.

Tu sais que toute ma fortune est sur la mer; que je ne suis point en argent, ni en état de rassembler une forte somme. Mais prends courage. Va essayer ce que peut mon crédit dans Venise. Je le ruinerai jusqu'à la dernière ressource, pour te

---

(†) Bassanio, comme on le voit ci-après, avoit été à Belmont auparavant avec le Marquis de Montferrat, & avoit vu Portia du vivant de son père. *Theobald.*

mettre en état de paroître honorablement à Belmont, & de faire ta cour à la belle Portia. Va, informe-toi où il y a de l'argent. Je le ferai auſſi de mon côté, & je ne doute point que je n'en trouve par mon crédit, ou par la conſidération qu'on a pour moi. (*Ils ſortent*).

SCÈNE V.

La Scène eſt à Belmont, dans le Château de PORTIA.

On voit trois Coffres, l'un d'or, l'autre d'argent, & le troiſième de plomb.

PORTIA, NÉRISSA.

PORTIA.

En vérité, Nériſſa, mon petit individu eſt bien las de ce grand monde.

NÉRISSA.

Cela ſeroit bon, ma chère Madame, ſi vos miſères étoient en auſſi grand nombre que vos proſpérités : cependant, par ce que je vois, on eſt auſſi malade

malade de trop d'abondance, que ceux que l'indigence fait mourir de faim. L'unique bonheur est donc placé dans la médiocrité: le superflu a plutôt les cheveux blancs, & l'honnête nécessaire vit plus long-tems.

PORTIA.

Voilà de belles sentences, & très-bien débitées.

NÉRISSA.

Elles sont encore meilleures, quand on en profite.

PORTIA.

S'il étoit aussi aisé de faire, qu'il l'est de connoître ce qui est bon à faire, les chapelles seroient changées en Eglises, & les cabanes des pauvres gens, en Palais de Princes. Le meilleur Prédicateur est celui qui se conforme à ses sermons. J'apprendrai plutôt à vingt personnes ce qu'il est à propos de faire, que je ne serois une des vingt à suivre mes instructions. Le cerveau peut imaginer des loix pour le sang, mais un tempérament ardent saute par-dessus une froide loi. La folle jeunesse s'élance, comme le cerf léger, au-dessus des filets du grave conseil, vieillard impotent & boiteux. Ces beaux raisonnemens ne sont pas de saison, lorsqu'il s'agit de choisir

Tome XV. Premiére Partie.   C

un Epoux. *Choisir*! hélas, quel mot! Je ne puis ni choisir celui que je voudrois, ni refuser celui qui me déplairoit. C'est ainsi qu'il faut que la volonté d'une fille vivante se plie encore aux volontés d'un père mort! N'est-il pas bien embarrassant pour moi, Nérissa, de ne pouvoir ni choisir, ni refuser personne?

NÉRISSA.

Votre père fut toujours vertueux, & les saints personnages ont à leur mort de bonnes inspirations. Ainsi, soyez sûre qu'au moyen de la loterie qu'il a imaginée dans les trois coffres d'or, d'argent & de plomb, par laquelle vous appartenez à celui qui choisira le coffre qui remplit son intention, vous ne pouvez tomber qu'au pouvoir d'un homme digne de votre amour. — Mais parmi les adorateurs qui sont venus dernièrement, en est-il quelqu'un pour qui la vivacité de vos penchans se décide?

PORTIA.

Je t'en prie; dis-moi leurs noms: à mesure que tu les nommeras, je ferai leur portrait, & tu devineras mes sentimens par le tableau.

NÉRISSA.

D'abord il y a le Prince de Naples.

PORTIA.

Oui, c'est un jeune étalon (†), certainement. Car il ne parle que de son cheval; il regarde comme une de ses premières qualités, la science qu'il possède de le ferrer lui-même. J'ai bien peur, que Madame sa mère ne se soit oubliée avec un forgeron.

NÉRISSA.

Vient ensuite le Comte Palatin (§).

PORTIA.

Il est toujours renfrogné, comme s'il vous disoit: *si vous ne voulez pas de moi, décidez-vous.* Il écoute des contes plaisans sans rire. Je crains, que dans sa vieillesse il ne devienne le Philosophe larmoyant, puisque si jeune, il est d'une si bisarre tristesse.

(†) *Poulain*: on dit d'un vieux homme, qui fait trop le jeune homme, qu'il a encore ses dents de *Poulain*. Johnson.

(§) Shakespeare renferme beaucoup plus d'allusions qu'on ne le croit d'abord, à des faits particuliers passés de son tems. Il a ici en vue un certain Comte, Albertus Alano, Palatin Polonois, qui visita l'Angleterre de son tems, y fut très-caressé & splendidement traité: mais qui s'étant accablé de dettes, finit par s'évader, & chercha à réparer sa fortune par la magie. Il s'étoit apparemment attiré ce trait de satyre. *Johnson.*

J'aimerois mieux épouser une tête de mort avec un os dans sa bouche, qu'un de ces deux hommes-là. Dieu me préserve de tous les deux!

NÉRISSA.

Que dites-vous du Seigneur Français, Monsieur le *Bon*?

PORTIA.

Dieu l'a fait : ainsi je consens qu'il passe pour un homme. Je sais bien, que c'est un péché de se moquer de son prochain ; mais lui ! Comment ! Il a un meilleur cheval que le Napolitain, il possède dans un plus haut degré de perfection, que le Palatin, la mauvaise habitude de froncer le sourcil. Il est tous les hommes ensemble, sans en être un. Si un merle chante, il fait aussitôt la capriole. Il va se battre contre son ombre ; en l'épousant, j'épouserais en lui seul vingt maris. S'il vient à me mépriser, je lui pardonnerai ; car, m'aimât-il à la folie, je ne le payerai jamais de retour.

NÉRISSA.

Que dites-vous de Falconbridge, le jeune Baron Anglais ?

PORTIA.

Tu sais, que je ne lui dis rien ; car nous ne nous

entendons ni l'un ni l'autre; il ne fait ni latin, ni français, ni italien (†), & tu peux aller au tribunal, & jurer que j'entends bien peu d'anglais. C'est la peinture d'un joli homme. Mais hélas! peut-on s'entretenir avec un tableau muet? Qu'il est mis singulièrement! Je crois, qu'il a acheté son habit en Italie, ses bas en France, son bonnet en Allemagne, & ses manieres par-tout pays.

NÉRISSA.

Que pensez-vous du Seigneur Ecossais, son voisin?

PORTIA.

Qu'il est plein de charité pour son voisin : car il a emprunté un soufflet de l'Anglais, & juré de le lui rendre, quand il pourroit. Je crois que le Français se rendit sa caution (§), & mit le sceau au marché par un autre soufflet.

(†) Trait de satyre contre l'ignorance des jeunes Anglais qui voyageoient alors. *Warburton.*

(§) Satyre contre les secours fréquemment donnés ou promis par les Français aux Ecossais, dans les querelles de ces derniers avec les Anglais. *Warburton.*

NÉRISSA.

Comment trouvez-vous le jeune Allemand (†), le neveu du Comte de Saxe?

PORTIA.

Fort mal, le matin quand il eſt à jeun, & bien plus mal encore le ſoir, quand il eſt ivre. Lorſqu'il eſt le mieux, il eſt un peu plus mal qu'un homme; & quand il eſt le plus mal, il eſt tant ſoit peu mieux qu'une bête. Quelque malheur qui m'arrive, j'eſpère trouver le moyen de me défaire de lui.

NÉRISSA.

S'il ſe préſentoit pour choiſir, & qu'il prît le bon coffre, vous iriez contre les volontés de votre père, en refuſant de l'épouſer.

PORTIA.

De crainte que ce malheur extrême n'arrive, il faut que tu mettes ſur le coffre oppoſé un grand verre de vin du Rhin. Car ſi le Diable étoit dedans,

---

(§) Du tems du Poëte, le Duc de Bavière viſita l'Angleterre, & fut fait Chevalier de la Jarretière. Peut-être dans cette énumération des Amans de Portia, y a-t-il une alluſion cachée aux Galans de la Reine Elizabeth. *Johnſon.*

& cette tentation au dehors, je suis sûre qu'il le choisiroit. Je ferai tout au monde, Nérissa, plutôt que d'épouser une éponge.

NÉRISSA.

Vous n'avez pas besoin de craindre d'avoir aucun de ces Messieurs; ils m'ont fait part de leurs résolutions, c'est de déloger incessamment, & de ne plus vous importuner, à moins que vous ne consentiez à une autre forme que celle qui a été imposée par votre père, & qui dépend du choix des coffres.

PORTIA.

Si je dois vivre aussi long-tems que la Sybille, je mourrai aussi chaste que Diane; à moins qu'on ne m'obtienne dans la forme prescrite par mon père. Je suis ravie que ces Epouseurs soient si raisonnables; il n'en est pas un parmi eux, pour l'absence duquel je ne fasse des vœux, & Dieu veuille leur accorder un prompt & bon voyage!

NÉRISSA.

Ne vous rappellez-vous pas, que du vivant de votre père, il vint ici à la suite du Marquis de Montferrat, un jeune Vénitien, instruit, & brave militaire?

PORTIA.

Oui, oui: c'étoit Baſſanio; c'eſt ainſi, je crois, qu'on le nommoit.

NÉRISSA.

Cela eſt vrai, Madame, & de tous les hommes que mes yeux errans ont remarqués, il m'a paru le plus digne d'une belle femme.

PORTIA.

Je m'en reſſouviens bien, & je me ſouviens auſſi qu'il mérite tes éloges. — (*Au valet qui entre.*) Qu'eſt-ce? Quelles nouvelles?

LE VALET.

Les quatre étrangers vous cherchent, Madame, pour prendre congé de vous: & il vient d'arriver un Courrier de la part d'un cinquième, le Prince de Maroc; il dit que le Prince ſon Maître ſera ici ce ſoir.

PORTIA.

Si je pouvois accueillir celui-ci d'auſſi bon cœur que je renvoye les autres, je ſerois charmée de ſon arrivée. — Si avec les qualités d'un ſaint, il a la couleur d'un diable, j'aimerois mieux qu'il me confeſsât que de m'époufer. Allons, Nériſſa: & toi, (*Au Valet*)

DE VENISE.

Valet) marche devant. Tandis que nous fermons la porte au nez d'un Amant, un autre frappe. (*Ils sortent.*)

SCÈNE VI.

La Scène est dans une Place publique à Venise.

BASSANIO, SHYLOCK.

SHYLOCK. (†)

Trois mille ducats? — Fort bien.

BASSANIO.

Oui, Monsieur, pour trois mois.

SHYLOCK.

Pour trois mois. — Bon.

BASSANIO.

Pour lesquels, comme je vous disois, Antonio s'engagera.

___

(†) Le caractère de ce Juif est célèbre en Angleterre.

LE MARCHAND

SHYLOCK.

Antonio s'engagera? — Bon.

BASSANIO.

Pourrez-vous me servir? Me ferez-vous ce plaisir? Aurai-je votre réponse?

SHYLOCK.

Trois mille ducats.... pour trois mois,.... & Antonio engagé.

BASSANIO.

Votre réponse à cela?

SHYLOCK.

Antonio est bon.

BASSANIO.

Auriez-vous ouï dire quelque chose de contraire?

SHYLOCK.

Oh! non. Je m'explique : en disant qu'il est *bon*, je veux vous faire entendre, qu'il est solvable. Cependant ses facultés sont en supposition. Il a un vaisseau freté pour Tripoli, un autre dans les Indes, & en outre j'ai appris sur le Rialto (†), qu'il en avoit un

---

(†) Place de la Bourse à Venise.

troisième au Mexique, un quatrième en Angleterre, & d'autres encore épars loin d'ici. Mais les vaisseaux ne sont que des planches, les Matelots que des hommes. Il y a Rats de terre & Rats d'eau, Voleurs de terre & Voleurs d'eau, je veux dire, des Pirates. D'ailleurs les dangers de la mer, les vents, les rochers... Néanmoins l'homme est solvable. —Trois mille ducats... Je crois pouvoir prendre son obligation.

BASSANIO.

Soyez sûr que vous le pouvez.

SHYLOCK.

Je veux m'en assurer, si je le peux; & pour m'en assurer, je veux y rêver avec moi-même. Puis-je parler à Antonio ?

BASSANIO.

Si vous vouliez dîner avec nous...,

SHYLOCK.

Oui: pour sentir le porc! pour manger de l'habitation, dans laquelle votre Prophète, le Nazaréen, a par les Exorcismes fait entrer le Diable ! Je veux bien acheter avec vous, vendre avec vous, parler avec vous, & ainsi du reste ; mais je ne veux pas

28 LE MARCHAND

manger avec vous, boire avec vous, ni prier avec vous...... Que dit-on de nouveau sur le Rialto ? — Mais qui vient ici ?

BASSANIO.

C'est le Seigneur Antonio.

SCÈNE VII.

BASSANIO, SHYLOCK, ANTONIO.

SHYLOCK, *à part.*

Comme il a l'air d'un hypocrite Publicain ! Je le hais, parce qu'il est Chrétien ; mais je le hais bien davantage, parce qu'il a la basse simplicité de prêter de l'argent gratis, & qu'il fait baisser l'usure à Venise. Si je puis l'accrocher (†) une fois, je vais assouvir pleinement la vieille aversion que je lui porte. Il hait notre sainte nation ; il raille de certains points sur lesquels la plupart des Marchands sont d'accord ; il se moque de moi, de mes marchés,

―――――――――――――――
(†) *Si je puis le saisir une fois sur la hanche.* Expression tirée de la pratique des Lutteurs.

& d'un gain bien acquis, qu'il appelle usure. Maudite soit ma Tribu, si je lui pardonne!

BASSANIO.

Shylock! Entendez-vous?

SHYLOCK.

Je me consultois sur les fonds qui me restent à présent, & je vois, par ce que ma mémoire me rappelle, que je ne saurois vous faire tout de suite la somme de trois mille ducats. N'importe; Tubal, un riche Hébreu de ma Tribu, y suppléera..... Mais doucement: pour combien de mois les voulez-vous?.... Ne vous inquiétez pas, Seigneur Antonio. C'étoit de votre Seigneurie que nous nous entretenions.

ANTONIO.

Shylock, quoique je ne prête ni n'emprunte à intérêt; cependant pour fournir aux besoins pressans d'un ami, je veux bien déroger à ma coutume. (*à Bassanio.*) Est-il instruit de la somme que vous désirez?

SHYLOCK.

Oui, oui: trois mille ducats.

ANTONIO.

Et pour trois mois.

SHYLOCK.

J'avais oublié cela... Pour trois mois: vous me l'aviez dit. A la bonne heure. Faites votre billet, & puis je verrai.... Mais écoutez donc, il me semble que vous venez de dire, que vous ne prêtez ni n'empruntez à intérêt.

ANTONIO.

Jamais.

SHYLOCK.

Quand Jacob faisoit paître les troupeaux de son oncle Laban.... Depuis notre saint Abraham, ce Jacob (au moyen de ce que fit sa mère avisée en sa faveur) en fut le troisième possesseur.... Oui, il étoit le troisième.

ANTONIO.

Hé bien ! A quel propos ? Faisoit-il l'usure ?

SHYLOCK.

Non, il ne faisoit pas l'usure, non. Si vous voulez, ce n'étoit pas précisément de l'usure. Remarquez bien ce que Jacob faisoit. Quand Laban & lui firent un traité, & convinrent que tous les nouveaux-nés qui seroient rayés & tachetés, appartiendroient à Jacob pour son salaire ; sur la fin de l'Automne, les brebis, étant en chaleur, allèrent chercher les béliers; & lorsque l'acte de la nature se passoit entre ces couples portant toison, le Pâtre rusé vous levoit l'écorce de certains bâtons, & dans l'instant précis de la copulation, les présentoit aux lascives brebis, qui concevoient alors. Ensuite, quand le tems de l'enfantement étoit venu, elles mettoient bas des agneaux bariolés, lesquels étoient pour Jacob. C'étoit-là un moyen de gagner un intérêt; & Jacob fut béni du Ciel; & le gain est une bénédiction, pourvu qu'on ne le vole pas.

ANTONIO.

Jacob donnoit là ses services pour un salaire très-incertain, pour une chose qu'il n'étoit pas en son pouvoir de faire arriver, mais que la seule main du Ciel régle & façonne à son gré. Prétendez-vous tirer de-là quelque induction en faveur de l'usure? Votre or & votre argent sont-ils des brebis & des béliers?

SHYLOCK.

Je ne saurois vous dire; du moins je les fais engendrer aussi vite. Mais faites attention, Seigneur....

ANTONIO, à *Bassanio*.

Voyez-vous, Bassanio? Le Diable peut citer l'écriture, pour autoriser les vices. Une méchante ame, qui produit un témoignage sacré, ressemble à un scélérat qui a le sourire sur les lèvres, & à une belle pomme dont le cœur est pourri. Oh! de quels beaux dehors il colore ici sa malhonnêteté!

SHYLOCK.

Trois mille ducats! c'est une bonne & ronde somme. Trois mois de douze... Voyons un peu l'intérêt.

ANTONIO.

Hé bien! Shylock, vous ferons-nous redevables?

SHYLOCK.

Seigneur Antonio, maintes & maintes fois vous m'avez fait des reproches au Rialto, sur ma banque & sur mon usure (†). Je n'y ai jamais répondu, qu'en levant patiemment les épaules; car la patience est le caractère distinctif de notre Nation. Vous m'avez appelé mécréant, coupe-gorge, chien, & vous avez craché sur mon manteau de Juif, & tout cela parce que je dispose à mon gré de mon propre bien. Maintenant il paroît que vous avez besoin de moi. Alors vous venez à moi, & vous dites: « Shylock, » nous voudrions de l'argent. » Vous me tenez ce lan- gage, vous qui vous êtes défait de votre rhume sur

―――――――――――――
(†) Usance & usure étoient autrefois synonimes. *Steevens.*

ma barbe ; qui m'avez donné des coups de pied, comme vous feriez à un chien étranger venu sur le seuil de votre porte. C'est de l'argent que vous demandez! Devrais-je vous répondre? Ne devrais-je pas vous dire : « un chien a-t-il de l'argent? Est-il » possible qu'un dogue prête trois mille ducats? » Ou bien irai-je vous saluer profondément, & dans l'attitude d'un esclave vous dire, d'une voix basse & timide : « mon beau Monsieur, vous avez craché sur » moi mercredi, vous m'avez donné des coups de pied » un tel jour, & une autrefois vous m'avez appellé » chien ; en reconnoissance de ces bons traitemens, » je vais vous prêter tant d'argent? »

ANTONIO.

Je suis tenté de t'appeller encore de même, de cracher encore sur toi, de te donner encore des coups de pied. Si tu me prêtes cet argent, ne me le prête pas comme à ton ami, (car quand est-ce que l'amitié exigea jamais qu'un stérile métal (†) se multipliât pour lui dans les mains d'un ami ?) mais

(†) L'argument que les Avocats de ce tems-là employoient contre l'usure, étoit, que l'argent étant une chose stérile, ne pouvoit, comme le bled & le bétail, se multiplier lui-même; & que c'étoit une chose contre nature. *Warburton.*

comme à ton ennemi. S'il manque à son engagement, tu auras le plaisir d'exiger sa punition.

SHYLOCK.

Mais, comme vous vous emportez ! Je voudrois être de vos amis, gagner votre affection, oublier les avanies que vous m'avez faites, subvenir à vos besoins présens, & ne pas exiger un denier d'intérêt pour mon argent, &, vous ne voulez pas m'entendre ? L'offre est pourtant honnête.

ANTONIO.

Il y auroit en effet beaucoup d'honnêteté.

SHYLOCK.

Et je veux vous la montrer, cette honnêteté ; venez avec moi chez le Notaire, signer votre billet. Seulement & par pure plaisanterie, j'exigerai qu'il soit stipulé dans l'acte, qu'en cas que vous ne satisfassiez pas à votre promesse tel jour, à tel domicile, pour telle ou telle somme, vous serez déchargé de votre dette, en vous laissant couper une livre de votre belle chair sur telle partie du corps qu'il me plaira choisir.

ANTONIO.

J'y consens, ma foi, de bon cœur. Je signerai

volontiers un pareil billet, & je dirai que le Juif est plein de bienfaisance.

BASSANIO.

Vous ne ferez pas un pareil billet pour m'obliger: J'aime mieux rester dans la disette où je suis.

ANTONIO.

Bon : ne craignez rien, ami : je ne manquerai pas d'y satisfaire. Dans l'espace de deux mois, (c'est encore un mois avant l'échéance de l'obligation) j'attends le retour de neuf fois la valeur de ce billet.

SHYLOCK.

O père Abraham ! ce que c'est que ces Chrétiens ? Leur méchanceté leur apprend à soupçonner les intentions des autres. Dites-moi ; s'il ne payoit pas au terme marqué, que gagnerois-je en exigeant qu'il remplît la condition proposée ? Une livre de chair prise sur un homme, ne vaut pas son pesant de chair de mouton, de bœuf ou de chèvre. Ce que j'en fais, c'est pour m'acquérir ses bonnes graces. S'il veut accepter cette offre d'amitié, à la bonne heure : s'il ne le veut pas, adieu. Au nom de notre amitié, je vous en prie, ne me faites point injure.

ANTONIO.

Oui, Shylock, je signerai ce billet.

SHYLOCK.

En ce cas, allez m'attendre chez le Notaire; donnez-lui vos instructions sur ce plaisant billet. Je vais préparer les ducats, donner un coup d'œil chez moi, où je n'ai laissé qu'un dangereux Valet, un coquin de fainéant; & je vous rejoins dans l'instant.

ANTONIO.

Dépêche-toi, aimable Juif. Cet Hébreu se fera Chrétien; il devient traitable.

BASSANIO.

Je n'aime pas les belles paroles avec une ame scélérate.

ANTONIO.

Allons: nous n'avons rien à craindre de funeste en cette conjoncture; mes vaisseaux arriveront un mois avant le terme.

Fin du premier Acte.

ACTE II.

SCÈNE PREMIÈRE.

La Scène est à Belmont.

LE PRINCE DE MAROC, *vêtu de blanc; avec sa suite;* PORTIA, NÉRISSA, & *sa suite.*

On joue une fanfare.

LE PRINCE DE MAROC.

NE vous choquez point de la couleur de mon teint: C'est la livrée foncée du soleil basané dont je suis voisin, & près duquel la nature plaça mon berceau. Faites-moi venir du fond du nord le plus bel homme de ces climats, où Phœbus dégèle à peine les glaçons suspendus aux toîts, & faisons sur nous une incision en votre honneur, pour savoir quel sang est le plus rouge (†) du sien ou du mien. Je vous

───────────────

(†) Pour entendre la raison pour laquelle le Prince basané étoit se rendre recommandable par la rougeur de son sang, il le dis, Madame, cet aspect que vous me voyez, a intimidé le brave. Je jure par mon amour, que les Vierges les plus considérées de nos climats en ont été éprises. Je ne me résoudrai jamais à changer de couleur, à moins que ce ne fût pour toucher votre ame, mon aimable Reine.

PORTIA.

Dans mon choix, je ne me laisse pas conduire par la seule délicatesse des yeux d'une fille. D'ailleurs la loterie de mon sort ôte à ma volonté le droit d'un libre choix. Je vous avoue, Prince illustre, qu'indépendamment des entraves dont m'a chargé mon père, en me forçant par son testament d'être la femme de celui qui m'obtiendra par les moyens dont je vous ai parlé, vous me paroissez mériter mon affection, autant qu'aucun de ceux qui se sont jusqu'ici présentés, pour briguer ma tendresse.

LE PRINCE DE MAROC.

Je vous en rends graces. Je vous prie, conduisez-

---

faut savoir, que le sang rouge passoit pour un signe de courage. Macbeth appelle un de ses soldats qui avoit peur, *un manant au foie blanc de lys*. On dit que les lâches ont *le foie blanc comme du lait*, & les hommes efféminés & pusillanimes, sont appellés *soupe au lait*. Johnson.

moi à ces coffres, pour y essayer ma fortune. Par ce cimeterre qui a tué le Sophi & un Prince de Perse, & qui a gagné trois batailles sur le Sultan Soliman ; je voudrois foudroyer de mes regards l'œil le plus audacieux. Je vaincrois en bravoure le plus intrépide cœur de l'univers: j'arracherois les petits ours des mammelles de leur mère, pour vous obtenir, Madame. Mais hélas! si Hercule & Lichas jouent aux dez pour décider quel est le plus grand homme des deux, le plus haut point peut sortir de la main la plus foible : & voilà Hercule vaincu par son Page (†). Et moi, conduit de même par l'aveugle fortune, je puis manquer de choisir ce qu'un autre moins digne que moi, prendra peut-être; & j'en mourrai de douleur.

PORTIA.

Telle est la loi de votre destin. Il faut ou ne point choisir du tout ; ou, si vous choisissez, jurer auparavant, que vous ne parlerez à l'avenir de mariage à aucune femme. Ainsi ne vous pressez pas, & faites bien vos réflexions.

(†) Lichas, pauvre & malheureux serviteur d'Hercule, lui apporta, sans le savoir, la robe empoisonnée, trempée dans le sang du Centaure Nessus ; & fut jetté dans la mer pour son crime involontaire. C'est ainsi qu'Hercule, par l'effet du hasard & de la destinée, fut vaincu par son Page, *Théobald.*

LE PRINCE DE MAROC.

Et je le jure : allons ; que je sache mon sort.

PORTIA.

Il faut d'abord aller à l'Eglise. Après le dîner, vous déciderez votre sort.

LE PRINCE DE MAROC.

O fortune ! allons, tu vas me rendre le plus heureux, ou le plus malheureux des mortels. (*Ils sortent.*)

SCÈNE II.

Une rue de Venise.

LANCELOT GOBBO (†) *seul.*

Surement, ma conscience me fera fuir la maison de ce Juif, mon maître. Le diable est à mes côtés, & me tente en me disant : *Gobbo, Lancelot Gobbo, bon Lancelot, ou, bon Gobbo, ou, bon Lancelot Gobbo ; sers-toi de tes jambes, lève le pied, & décampe.* Ma conscience me dit : *non ; prends garde, honnête Lan-*

(†) C'est le *clown*, ou le fol, le bouffon de la Pièce.

celot,

celot. Prends bien garde, honnête Gobbo; ou bien, *honnête Lancelot Gobbo : ne t'enfuis pas : aie le courage de ne pas t'évader.* Et là-dessus l'intrépide Démon m'ordonne de faire mon paquet : *allons*, dit le diable, *au champ. Pour le Ciel, arme-toi d'intrépidité*, dit le diable, & *va-t'en*. Alors ma conscience, embrassant mon cœur, me dit fort prudemment : *mon honnête ami Lancelot, tu es le fils d'un honnête homme, ou plutôt d'une honnête femme :* en effet, mon père eut certaine convoitise ; il se prit d'un certain goût... hé bien, ma conscience me dit : *Lancelot, ne bouge pas : fuis*, dit le diable : *ne bouge pas*, dit ma conscience. — *Ma conscience*, dis-je moi, *votre conseil est bon : & toi aussi, Démon, ton conseil est bon* (†). En me laissant gouverner par ma conscience, je resterois avec le Juif mon maître, qui, Dieu me pardonne, est

---

(†) On voit dans ce Monologue de Lancelot, une vive & forte peinture du cœur humain, lorsqu'il débat avec lui-même la bonté ou la malice d'une action, à laquelle il se trouve intéressé ; alors nos passions, même à notre insçu, plaident leur cause avec chaleur, & nous ne faisons que des sophismes, lorsque nous croyons faire des raisonnemens. Dans tous les cas douteux, où les raisons pour & contre paroissent se balancer, il est toujours prudent de soupçonner, que le côté de la balance qui penche pour nos passions, est le plus léger. *Mrs Griffith.*

Tome XV. Première Partie. E

une espèce de Démon; & en fuyant de chez le Juif, je me laisserois gouverner par le Démon qui, sauf votre respect, est le diable en personne: sûrement le Juif est le diable même incarné; & en conscience, ma conscience n'est qu'une manière de conscience dure & brutale, en venant me conseiller de rester avec le Juif: allons; c'est le diable qui me donne un conseil d'ami: *je vais m'évader*, Démon: mes talons sont à tes ordres; je veux m'enfuir.

SCÈNE III.

LANCELOT: *le vieux* GOBBO *son père entre, tenant un panier de fruit qu'il apporte en présent au Maître de son fils.*

GOBBO.

Maître; jeune homme; vous-même: je vous prie; quel est le chemin de la maison du Juif?

LANCELOT *à part.*

O Ciel! c'est mon père légitime, qui ayant la vue basse, très-basse, ne me reconnoît pas. Je veux faire un essai avec lui.

GOBBO.

Maître, jeune homme, je vous prie, quel est le chemin de la maison du Juif?

LANCELOT.

Tournez sur votre main droite ; au premier détour : mais au plus prochain détour, tournez sur votre gauche : ma foi, la première fois que vous détournerez, ne tournez ni à droite ni à gauche ; mais descendez obliquement jusqu'à la maison du Juif (†).

GOBBO.

Santé de Dieu (§), ce sera bien difficile à trouver. Pourriez-vous me dire, si un nommé Lancelot, qui demeure avec lui, y demeure, oui ou non.

(†) On trouve une pareille réponse amphibologique dans les Adelphes de Térence :

Syrus (à Demea.)
Ubi eas præterieris
Ad sinistram hac rectâ plateâ : ubi ad Dianæ veneris ;
Ito ad dextram : priusquàm ad portam venias, &c. Warburton.

(§) Peut-être étoit-ce la coutume de jurer par la santé de l'Être suprême. Ces sermens n'étoient pas rares parmi nos anciens Écrivains ; & le vulgaire en estropioit toujours les mots, pour éviter la profanation. *Steevens.*

LANCELOT.

Parlez-vous du jeune maître Lancelot ? — (*à part.*) Remarquez-moi bien à préſent : je vais troubler l'eau. —Parlez-vous du jeune maître Lancelot ?

GOBBO.

Il n'eſt pas maître, Monſieur : c'eſt le fils d'un pauvre homme. Son père, quoique ce ſoit moi qui le diſe, eſt un honnête & exceſſivement pauvre homme, &, Dieu ſoit loué, qui a encore envie de vivre.

LANCELOT.

Allons, que ſon père ſoit ce qu'il voudra : nous parlons du jeune maître Lancelot.

GOBBO.

De l'ami de votre Seigneurie, & de Lancelot, tout court, Monſieur.

LANCELOT.

Mais, je vous prie donc ; enfin, vieillard, je vous en conjure : parlez-vous du jeune maître Lancelot ?

GOBBO.

De Lancelot, ſous votre bon plaiſir.

LANCELOT.

Ergo, maître Lancelot. Ne parlez point de maître Lancelot, père. Car le jeune homme (en conséquence des deſtins & des deſtinées , & d'autres vieux dictons pareils , & des trois sœurs, & de ces branches de ſcience occulte,) eſt vraiment décédé ; ou , comme qui diroit tout ſimplement , il eſt parti pour le ciel.

GOBBO.

Que Dieu m'en préſerve ! Le jeune garçon étoit le bâton de ma vieilleſſe, mon ſeul ſoutien.

LANCELOT.

Eſt-ce que je reſſemble à un gourdin, ou à un étai de chaumière , à un bâton, à un pôteau ? Me reconnoiſſez-vous , père ?

GOBBO.

Hélas, non, je ne vous connois point, jeune Monſieur : mais, je vous en prie, dites-moi : mon jeune garçon , Dieu faſſe paix à ſon ame ! eſt-il en vie ou mort ?

LANCELOT.

Ne me connoiſſez-vous point , père ?

GOBBO.

Hélas! Monsieur, j'ai la vue trouble & basse; je ne vous connois point.

LANCELOT.

Hé bien, si vous aviez vos yeux, vous pourriez bien risquer de ne pas me reconnoître : un père sage connoît son enfant. Allons, vieillard; je vais vous donner des nouvelles de votre fils. — Donnez-moi votre bénédiction. La vérité se montrera au grand jour: un meurtre ne peut rester long-tems caché: au lieu que le fils d'un homme le peut; mais à la fin, la vérité se montrera.

GOBBO.

Je vous en prie, Monsieur; tenez-vous droit: je suis certain, que vous n'êtes point Lancelot, mon jeune garçon.

LANCELOT.

Je vous en conjure; ne bavardons pas follement & plus long-tems là-dessus. Donnez-moi votre bénédiction. Je suis Lancelot, qui étoit votre jeune garçon, qui est votre fils; & qui vous prouvera qu'il est votre enfant (†).

___

(†) Autre sens: qui sera de nouveau votre enfant; c'est-à-dire vieux. Steevens.

GOBBO.

Je ne puis croire, que vous soyez mon fils.

LANCELOT.

Je ne fais qu'en penser: mais je suis Lancelot, le valet du Juif, & je suis fûr que Marguerite votre femme est ma mère.

GOBBO.

Oui, en effet, elle se nomme Marguerite: je jurerai, que si tu es Lancelot, tu es ma chair & mon sang. Dieu soit adoré! Quelle barbe tu as acquise! Il t'est venu plus de poil au menton, qu'il n'en est venu sur la queue à Dobbin (†), mon limonier.

LANCELOT.

Il paroîtroit en cela, que la queue de Dobbin croît à rebours. Je suis sûr, que la derniere fois que je l'ai vu, il avoit plus de poil à la queue, que je n'en ai sur la face.

GOBBO.

Seigneur! que tu es changé! — Comment vous accordez-vous ensemble, ton maître & toi? Je lui

---

(†) Sobriquet d'un cheval.

apporte un préſent : comment êtes-vous enſemble aujourd'hui ?

LANCELOT.

Fort bien, fort bien. Mais quant à moi, puiſque j'ai placé mon repos dans la réſolution de m'enfuir de chez lui, je n'aurai point de repos, que je ne me ſois évadé à quelques pas de lui. Mon maître eſt un vrai Juif. Lui donner un préſent, à lui ! Donnez-lui une hart : je meurs de faim à ſon ſervice : vous pouvez me compter les côtes avec vos doigts. Mon père, je ſuis ravi que vous ſoyez venu : donnez-moi votre préſent pour un Monſieur Baſſanio, qui vraiment, donne, lui, de rares & belles livrées : ſi je ne le ſers pas, je courrai, tant que terre durera. O rare fortune ! Tenez, le voici lui-même. (*touchant le panier*) Pour lui, mon père. Car je veux devenir Juif, ſi je ſers le Juif plus long-tems.

SCÈNE

SCÈNE IV.

Les mêmes.

BASSANIO, LÉONARDO, avec un ou deux suivans.

BASSANIO à ses Valets.

Vous pouvez le faire, — mais faites si bien diligence, que le souper soit prêt au plus tard pour cinq heures. — Aie soin que ces lettres soient remises. Donne les livrées à faire ; & prie Gratiano de venir dans l'instant me trouver chez moi.

LANCELOT.

Donnez-lui, mon père.

GOBBO à Bassanio.

Dieu bénisse votre Seigneurie !

BASSANIO.

Bien obligé ; me voulez-vous quelque chose ?

GOBBO.

Voilà mon fils, Monsieur : un pauvre garçon.

LE MARCHAND

LANCELOT.

Non vraiment ; ce n'est pas un pauvre garçon : c'est le valet d'un riche Juif ; qui voudroit, Monsieur, comme mon père vous l'expliquera......

GOBBO.

Il a, Monsieur, une grande rage, comme qui diroit, de servir.....

LANCELOT.

Oui ; somme toute, le résultat est que je sers le Juif, & que j'ai bien envie, comme mon père vous l'expliquera....

GOBBO.

Son maître & lui, sauf le respect dû à votre Seigneurie, ne sont guères compères.

LANCELOT.

Pour abréger, la vérité est que le Juif m'ayant maltraité, c'est la cause que je..., comme mon père qui est, je m'en flatte, un vieillard, vous le *fructifiera* (†).

GOBBO.

J'ai ici du fruit & quelques paires de pigeons, dont

(†) Mot à la Rabelais : c'est-à-dire, vous le fera entendre en vous faisant cadeau du fruit.

je voudrois faire préfent à votre Seigneurie ; & ma priere eft que.....

LANCELOT.

En peu de mots ; la requête eft impertinente pour moi, comme votre Seigneurie le faura par cet honnête vieillard ; & quoique je le dife, quoiqu'il foit un vieux homme; cependant le pauvre homme, eft mon père.

BASSANIO.

Qu'un de vous parle pour deux. — Que voulez-vous ?

LANCELOT.

Vous fervir, Monfieur.

GOBBO.

Voilà le mal de la chofe, Monfieur.

BASSANIO.

Je te connois très-bien : tu as obtenu ta requête, Shylock, ton maître, m'a parlé ce jour même, & t'a avancé; fuppofé que ce foit un avancement, que de quitter le fervice d'un riche Juif, pour devenir le laquais d'un maître fi peu fortuné.

LANCELOT.

Le vieux proverbe eft très-bien partagé entre mon

maître Shylock & vous, Monsieur: vous avez la grace de Dieu, Monsieur, & lui, il a de quoi.

BASSANIO.

C'est fort bien dit: bon père, allez avec votre fils: — Prends congé de ton ancien maître, & informe-toi de ma demeure, pour t'y rendre. (*à sa suite.*) Donnez-lui une livrée plus ornée encore, que celle de ses camarades.

LANCELOT.

Mon père, entrons. — Je ne puis jamais me procurer du service; non, je n'ai jamais eu de langue dans ma tête. — Allons, (*considérant la paume de sa main*) s'il y a homme en Italie qui ait une plus belle table, qui lui promette, comme un serment sur le livre de la Loi, qu'il fera fortune (†) .... — Allons, poursuis: il y a ici une ligne (§) de vie! Voilà ici une petite provision de femmes: hélas, cinquante épouses, ce n'est rien. Onze veuves & neuf pucelles,

---

(†) Il n'achève pas : sous-entendu, *je suis bien trompé.* Allusion aux Devins qui vous prédisent votre bonne aventure, en considérant la paume de la main, qu'on appelle *table*, en termes de chiromancie. *Tirwhit.*

(§) Autre terme de chiromancie, pour désigner une certaine ligne, ou pli de la paume de la main.

DE VENISE. 53

ce n'est que le nécessaire pour un honnête homme. Et ensuite échapper trois fois, sans se noyer, & être en danger de sa vie sur le bord d'un lit de plume (†); ce ne sont là que de petits bonheurs. Allons, quoique la fortune soit femme, c'est encore une assez bonne créature. — Mon père, venez ; je vais vous prendre congé du Juif dans un clin d'œil. (*Lancelot & Gobbo sortent.*)

BASSANIO.

Je te prie, cher Léonardo, songe à ce que je t'ai recommandé. Quand tu auras acheté ces effets, & que tu en auras distribué les présens par ordre, reviens promptement : car je donne une fête ce soir.

LÉONARDO.

Je donnerai tous mes soins pour bien accomplir vos intentions.

(†) Expression de jargon, pour signifier le danger de se marier. Certain Ecrivain Français l'a employée dans le même sens. « O mon ami, j'aimerois mieux être tombé sur la pointe d'un oreiller, & m'être rompu le cou. » *Warburton*.

SCÈNE V.

Les mêmes.

GRATIANO.

GRATIANO *à Léonardo qui s'en va.*

Où est votre Maître ?

LÉONARDO.

Le voilà là, Monsieur, qui se promène. (*Léonardo s'éloigne.*)

GRATIANO *appellant.*

Seigneur Bassanio !

BASSANIO.

Ha, Gratiano !

GRATIANO.

J'ai une demande à vous faire.

BASSANIO.

Elle vous est accordée.

GRATIANO.

N'allez pas me refuser: il faut abfolument que je vous accompagne à Belmont.

BASSANIO.

Hé bien, puifqu'il le faut, cela fera. — Mais écoute, Gratiano. — Tu es trop dur, trop brufque, tu as un ton de voix trop tranchant. — Ce font des qualités qui te vont affez bien, & qui à nos yeux ne nous femblent pas des défauts: mais par-tout où tu n'es pas connu, elles annoncent quelque chofe de trop libre; & choquent. — Je t'en prie, prends la peine de tempérer ton efprit trop pétulant par quelques grains de modération, de peur que la licence de ta conduite peu réfervée, ne foit interprétée à mon défavantage dans la maifon où je vais, & ne me faffe perdre mes efpérances.

GRATIANO.

Seigneur Baffanio, écoutez-moi: fi je ne prends pas le maintien le plus modefte, fi je ne parle pas avec refpect, ne laiffant échapper que quelques fermens de tems à autre, fi je ne porte pas un livre de prières dans ma poche, les yeux baiffés vers la terre: fi même, lorfqu'on dira les graces, je ne ferme pas les yeux avec componction, en tenant ainſi mon chapeau, & pouſſant un ſoupir, & diſant, *amen*; enfin, ſi je n'obſerve pas la civilité juſqu'au ſcrupule comme un homme formé d'habitude à la gravité la plus ſérieuſe, pour plaire à ſa grand'mère, ne faites jamais cas de moi (†).

BASSANIO.

Allons, nous verrons comment vous vous conduirez.

GRATIANO.

Mais je retiens pour moi la ſoirée : vous ne me jugerez pas ſur ce que nous ferons ce ſoir.

BASSANIO.

Oh! non: il y auroit trop de dureté. Je vous inviterois au contraire à afficher votre plus grande gaité : car nous avons des amis qui ſe propoſent de ſe réjouir : mais adieu, je vous laiſſe ; j'ai quelques affaires.

(†) Le caractère de Gratiano eſt changeant. D'abord il ſe donne pour un peu libertin : enſuite il devient ſtrict & Puritain, faiſant alluſion au *Benedicite* des Puritains, qui n'étoit pas court. On diſoit d'eux, qu'ils avoient plutôt mangé un chapon, qu'ils ne l'avoient béni. *Gray*.

GRATIANO.

GRATIANO.

Et moi, il faut que j'aille trouver Lorenzo, & les autres : mais nous vous rendrons visite à l'heure du souper.

SCÈNE VI.

La Scène est dans la Maison de SHYLOCK.

JESSICA, LANCELOT.

JESSICA.

Je suis fâchée, que tu quittes mon père ainsi. Notre maison est un enfer ; & toi, un démon jovial, qui lui ôtois un peu de son ennui. Mais Dieu te fasse prospérer : tiens, voilà un ducat pour toi. Et, Lancelot, tu verras bientôt au souper Lorenzo, qui est invité chez ton nouveau maître. Donne-lui cette lettre : fais-le secrettement ; adieu. Je ne ne voudrois pas, que mon père me trouvât causant avec toi.

LANCELOT *versant des larmes.*

Adieu : mes larmes vous parlent pour moi.... charmante Païenne. — Aimable Juive ! Si un Chrétien ne se damnoit pas pour vous posséder, je serois bien trompé : mais, adieu : ces sottes larmes noient un peu mon courage viril. Adieu. (*Il sort.*)

JESSICA.

Adieu ; bon Lancelot. — Hélas ! de quel odieux péché je me rends coupable, de rougir d'être la fille de mon père ! Mais quoique je sois sa fille, formée de son sang, je ne suis point sa fille pour le caractère. O Lorenzo ! si tu tiens ta promesse, je finirai ce tourment ; je me ferai Chrétienne, & je serai ta tendre épouse. (*Elle sort.*)

SCÈNE VII.

Une Rue de Venise.

GRATIANO, LORENZO, SALARINO, SOLANIO.

LORENZO.

Oui, nous nous échapperons pendant le souper ; nous irons prendre nos déguisemens chez moi, & nous retournerons tous une heure après.

GRATIANO.

Nous ne sommes pas bien préparés.

SOLANIO.

Nous n'avons pas encore parlé ensemble de nous procurer des porte-flambeaux.

SALARINO.

C'est une pauvre chose, quand cela n'est pas arrangé dans un bel ordre; & il vaudroit mieux, à mon avis, nous en passer.

LORENZO.

Il n'est encore que quatre heures : nous avons deux heures pour nous équipper.

SCÈNE VIII.

Les mêmes.

LANCELOT, *avec une Lettre.*

LORENZO.

Ami Lancelot, qu'y a-t-il de nouveau ?

LANCELOT.

S'il vous plaît d'ouvrir cette Lettre, elle pourra probablement vous l'apprendre.

LORENZO *prenant la lettre.*

Je connois cette main : oh ! vraiment c'est une belle main, & la main qui a écrit cette lettre est plus blanche que le papier où elle est écrite.

GRATIANO.

Une lettre d'amour, sûrement ?

LANCELOT.

Avec votre permission, Monsieur.

LORENZO.

Où vas-tu ?

LANCELOT.

Vraiment, Monsieur, inviter mon ancien maître le Juif à souper ce soir chez mon maître le Chrétien.

LORENZO.

Tiens, prends ceci. — Dis à l'aimable Jessica, que je ne lui manquerai pas de parole. Parle-lui en secret : va. — Messieurs, voulez-vous vous préparer pour la mascarade de ce soir ? Je suis pourvu d'un porte-flambeau. (*Lancelot s'en va.*)

SOLANIO.

Oui, vraiment, j'y vais sur le champ.

SALARINO.

Et moi aussi.

LORENZO.

Venez nous trouver, Gratiano & moi, dans quelques heures, au logis de Gratiano.

SOLANIO.

Oui, cela est à merveille, nous le ferons. (*Salarino & Solanio sortent.*)

SCÈNE IX.

GRATIANO & LORENZO.

GRATIANO.

Cette Lettre ne venoit-elle pas de la belle Jeffica?

LORENZO.

Il faut que je te dife tout: elle me donne des inftructions, comment je dois l'enlever de la maifon de fon père; fur l'or & les bijoux dont elle s'eft munie; quelle fuite elle a à fes ordres. Si jamais le Juif fon père entre dans le ciel, ce ne fera que par confidération pour fa fille; & jamais le malheur n'ofera traverfer les pas de cette Belle, qu'en s'autorifant du prétexte, qu'elle eft la lignée d'un Juif fans foi. Allons, viens avec moi; parcours cette Lettre en marchant: la belle Jeffica me fervira de porte-flambeau. (*Ils fortent.*)

SCÈNE X.

La Scène est dans la Maison de SHYLOCK.

SHYLOCK, LANCELOT.

SHYLOCK.

Allons; tu verras par tes yeux, & tu jugeras de la différence qu'il y a entre le vieux Shylock, & le jeune Bassanio. — (*Appellant*) Hé bien, Jessica ? — Tu n'assouviras pas ta gloutonnerie (†), comme

---

(†) Le mot est : tu ne *gourmandizeras* pas. Mot fort ancien & venu d'un Roi Danois. Les Danois, vers la fin du neuvième Siécle, furent défaits par Alfred, à Edendon dans le Wiltshire; un des articles de paix fut, que Guthrum, leur Roi, communément appellé Gurmond, se soumettroit à recevoir le baptême; que le Roi Alfred seroit son parrein : Alfred lui donna le nom d'Athelstan, & l'adopta pour son fils. Pendant le séjour des Danois dans cette province, ils passèrent leur tems dans la bonne chère, dans la paresse & l'indolence. De-là vient, que comme nous les appellons encore aujourd'hui *Lur-danes*, pour leur paresse, nous donnons aussi le nom de *Gurmondizers*, *gourmands*, à ceux qui sont adonnés à la crapule, & à la bonne chère, à cause de la gloutonnerie de Gurmond, & sur-tout de celle de son armée; voilà les seuls monumens que les Danois aient laissés d'eux à la postérité, pendant tout le tems qu'ils campèrent dans le Wiltshire.

tu as fait avec moi. — (*Appellant*) Jeſſica ? — Et tu n'auras pas le loiſir de dormir & de ronfler, & de déchirer tes habits. — Hé bien Jeſſica ? Quoi donc ?

LANCELOT *appellant auſſi.*

Hola, Jeſſica ?

SHYLOCK.

Qui te dit d'appeller ? Je ne t'ai pas dit d'appeller.

LANCELOT.

Votre Seigneurie avoit coutume de me reprocher, que je ne pouvois rien faire, ſans qu'on me le diſe.

SCÈNE XI.

Les mêmes.

JESSICA.

JESSICA.

M'APPELLEZ-VOUS ? Que déſirez-vous de moi ?

SHYLOCK.

Je ſuis invité à ſouper dehors, Jeſſica : voilà mes clefs. — Mais pourquoi irois-je ? Ce n'eſt pas par

amitié

DE VENISE.

amitié que je suis invité; ils me flattent: hé bien, j'irai par haine (†), pour me gorger aux dépens d'un Chrétien prodigue. — Jeſſica, ma fille, veille ſur ma maiſon. — J'ai de la répugnance à ſortir: il y a quelque malheur qui ſe braſſe contre mon repos: car j'ai rêvé cette nuit de ſacs d'argent.

LANCELOT.

Je vous en conjure, Monſieur: allez-y. Mon jeune Maître attend avec impatience votre arrivée.

SHYLOCK.

Et moi la ſienne.

LANCELOT.

Et ils ont comploté enſemble.... — Je ne veux pas vous le dire... que vous verrez une Maſcarade: mais ſi vous la voyez, alors ce n'étoit donc pas pour rien que mon nez a ſaigné le dernier lundi (§) *Noir*,

---

(†) Dans une Scène précédente, le Juif a déclaré qu'il ne vouloit ni boire, ni manger avec un Chrétien. Le Poëte ne l'a pas oublié: mais il en peint mieux la méchanceté de ſon caractère, en lui faiſant renoncer à ſon premier deſſein, uniquement par motif de vengeance. *Steevens*.

(§) Le lundi de Pâques, appellé le lundi *Noir*, parce que ſous la trente-quatrième année du régne d'Edouard III, le 14

Tome XV. Premiére Partie.   I

à fix heures du matin; heure à laquelle ce faignement tomba cette année-là, tandis qu'il étoit arrivé l'après-midi il y a quatre ans.

SHYLOCK.

Quoi! y aura-t-il des Mafques? Ecoutez-moi, Jeffica. Fermez bien mes portes: & lorfque vous entendrez le tambour, & le cri défagréable du fifre au cou tors (†), n'allez pas vous grimper aux fenêtres ni montrer votre tête en public fur la rue, pour regarder des fous de Chrétiens, aux vifages vernis & défigurés: mais bouchez bien les oreilles de ma maifon; je veux dire, les fenêtres: que le fon frivole de ces vaines folies n'entre pas dans ma maifon férieufe & fage.—Par le bâton de Jacob, je jure, que je ne me fens nulle envie d'aller en feftin en ville ce foir: mais je veux y aller. (§)—Vous, drôle,

---

Avril, & le lendemain de Pâques en 1360, lorfque le Roi Edouard étoit campé avec fon armée devant Paris, ce jour fut fi nébuleux, & fi mêlé de brouillards & de grêle, avec un froid fi piquant, que plufieurs de fes foldats moururent de froid fur leurs chevaux. Voilà ce qui a fait appeller ce jour, *Blackemoonday*, le lundi *Noir*. Gray.

(†) *Primâ nocte domum claude; neque in vias fub cantu querulæ defpice tibiæ.* Hor. Lib. III. Od. 7.

(§) Il paroît qu'on attachoit quelque idée fuperftitieufe à l'accident de faigner du nez. Steevens.

prenez les devans, & annoncez, que je vais y aller.

LANCELOT.

Je vais vous précéder, Monsieur. (*bas à Jessica*) Maîtresse, malgré tout ce qu'il dit, veillez bien à la fenêtre : vous verrez approcher un Chrétien, qui mérite bien les regards d'une Juive. (*Lancelot sort.*)

SHYLOCK.

Ha! que vous dit cet imbécille, cette race proscrite d'Agar?

JESSICA.

Il me disoit : *adieu, ma Maîtresse :* rien de plus.

SHYLOCK.

Ce fou de *Patch* (†) est assez poli : mais c'est un énorme mangeur ; une vraie tortue pour le profit ; il dort pendant le jour plus qu'un chat sauvage. Les lourds frélons ne conviennent pas dans ma ruche. Ainsi je me sépare de lui ; & cela pour le céder à un quidam, que je veux qu'il aide à dépenser promptement la bourse qu'il m'a empruntée. — Allons, Jessica, rentrez. Peut-être reviendrai-je sur le champ.

(†) *Patch*, ou *Cowlson*, noms de fols, qui portoient un habit de pièces de plusieurs couleurs. *Malone.*

Faites ce que je vous recommande. Fermez les portes fur vous. On ne peut jamais être trop prudent : *ce qu'on attache bien, on le retrouve.* C'eſt un proverbe qui ne vieillit jamais dans une ame économe. (*Il ſort.*)

JESSICA.

Adieu. — Et ſi le malheur ne m'en veut pas, j'ai, moi, perdu un père, & vous, une fille.

SCÈNE XII.

Une Rue de Veniſe.

GRATIANO & SOLANIO, maſqués.

GRATIANO.

Voici le hangard, ſous lequel Lorenzo nous a dit de l'attendre.

SOLANIO.

L'heure qu'il nous avoit donnée, eſt tout-à-l'heure paſſée.

GRATIANO.

Et il eſt bien étonnant qu'il ſe faſſe attendre : car les Amoureux devancent toujours l'horloge au rendez-vous.

SOLANIO.

Oh! les pigeons de Vénus volent dix fois plus vîte pour contracter de nouvelles amours, qu'ils n'ont coutume de faire, pour tenir parole à leurs anciens engagemens.

GRATIANO.

Cela fera toujours vrai: quel convive fe lève d'une table, avec cet appétit aigu, qu'il fentoit en s'y afséyant? Où eft le cheval, qui revienne fur les ennuyeufes traces de la route qu'il a parcourue, avec le feu qu'il avoit en partant? Pour tous les biens de ce monde, il y a bien plus d'ardeur dans la pourfuite, que dans la jouiffance. Voyez, comme la nef, ornée de fes brillantes écharpes, abandonne fa baie natale, avec la fougue & la joie d'un riche & jeune diffipateur, & fe livre fans réferve aux embraffemens du libertin Aquilon! Et voyez après, comme elle revient délabrée, dans l'état de l'Enfant prodigue, les côtes enfoncées par l'injure du tems, les voiles déchirées en lambeaux, defféchée & appauvrie par ce même Aquilon!

SCÈNE XIII.

Les mêmes.

LORENZO.

SOLANIO.

Ha! voici Lorenzo. — Nous causerons de cela dans un autre tems.

LORENZO.

Chers amis, pardon de m'être si long-tems fait attendre. Ce n'est pas moi, mais mes affaires, qui ont exercé votre patience. Quand il vous prendra fantaisie de voler des épouses, je vous promets de faire le guet aussi long-tems pour vous. — Approchez; c'est ici la demeure de mon père le Juif. — Hola, hola, quelqu'un? (*Il frappe à la porte*).

SCÈNE XIV.

Les mêmes dans la rue.

JESSICA *paroît à la fenêtre, déguisée en Page.*

JESSICA.

Qui êtes-vous ? Nommez-vous, pour plus de certitude ; quoique je jurerois vous connoître à votre voix.

LORENZO.

Lorenzo, ton bien aimé.

JESSICA.

Oui, Lorenzo, sûr ; & mon bien aimé, sûr aussi, car quel autre aimai-je autant ? Et quel autre que vous, Lorenzo, sait si je suis votre Amante ?

LORENZO.

Le Ciel & ton cœur, sont témoins que tu l'es.

JESSICA.

Tenez, saisissez cette cassette : elle en vaut la peine. Je suis bien aise qu'il soit nuit ; & que vous ne me voyiez point: car je suis bien honteuse de mon évasion: mais l'Amour est aveugle, & les Amans ne peuvent voir toutes les belles folies qu'ils font eux-mêmes; si elles étoient visibles, Cupidon lui-même rougiroit de me voir ainsi travestie en Page.

LORENZO.

Descends: car il faut que tu me serves de porte-flambeau.

JESSICA.

Quoi? faut-il que j'éclaire ma propre honte? Oh! elle n'est, je le jure, que trop éclairée par ma conscience. Vous me donnez-là, mon amour, un office propre à me faire découvrir; il faudroit que je fusse cachée & invisible.

LORENZO.

Et vous l'êtes, ma chère, même sous cet aimable travestissement de Page. Mais venez sans différer: car la nuit secrette fuit à grands pas, & nous sommes attendus à la fête de Bassanio.

JESSICA.

Je vais fermer les portes, & me dorer encore de quelques ducats de plus, & je suis à vous dans le moment. (*Elle quitte la fenêtre.*)

GRATIANO.

GRATIANO.

Par mon chaperon, c'est une *Gentille* (†), & non pas une *Juive*.

LORENZO.

Malheur fur moi, fi je ne l'aime pas de toute mon ame! Car elle est fage, fi je puis la juger: elle est belle, fi mes yeux font bons; elle est fincère & fidelle, comme je l'ai éprouvée telle, & en conféquence, comme fille fage, belle & fidelle, elle fera placée pour toujours dans mon cœur constant. (*Jeffica reparoît à la porte.*) Quoi; vous voilà? — Allons, amis, partons. Nos camarades masqués attendent après nous. (*Il fort avec Jeffica*).

(†) *Gentille.* Jeu de mots fur l'équivoque de *Gentil*, qui fignifie *un Païen* & une personne bien née. *Steevens.*

SCÈNE XV.

GRATIANO, ANTONIO.

ANTONIO.

Qui est là?

GRATIANO.

Quoi, c'est vous, Seigneur Antonio?

ANTONIO.

Fi, fi, Gratiano : où sont tous les autres ? Il est neuf heures. Tous nos amis attendent après vous. — Point de Mascarade ce soir. Les vents sont levés ; & Bassanio va s'embarquer tout-à-l'heure. J'ai envoyé vingt personnes vous chercher.

GRATIANO.

Oh! j'en suis ravi : je ne désire pas de plus grand plaisir, que d'être sous ces voiles, & de partir cette nuit. (*Ils sortent.*)

SCÈNE XVI.

La Scène est à Belmont.

PORTIA, LE PRINCE DE MAROC
& sa suite.

PORTIA.

Allons: qu'on tire les rideaux, pour découvrir les coffres à ce noble Prince. (*On découvre les coffres.*) Maintenant choisissez.

LE PRINCE DE MAROC *les considérant.*
Le premier est d'or, & porte cette inscription :
Qui me prendra, gagnera ce que beaucoup d'hommes désirent.

Le second est d'argent, & porte cette promesse :
Qui me prendra, recevra le prix de son mérite.

Le troisième est de plomb, avec une inscription aussi grossière que le métal.
Qui me prend, doit donner & risquer tout ce qu'il a.
Comment saurai-je, si je choisis bien ?

PORTIA.

Prince, l'un des trois renferme mon portrait : si vous le choisissez, je vous appartiens avec lui.

LE PRINCE DE MAROC.

Puiffe quelque Dieu diriger mon jugement & ma main! Voyons un peu. Je veux encore jetter les yeux fur les Infcriptions. Que dit le coffre de plomb?

Qui me prend, doit donner & rifquer ce qu'il a.

Doit donner! Pour quoi? Pour du plomb! Rifquer pour du plomb? J'augure mal de ce coffre. On ne hazarde tout, que dans l'efpoir de grands avantages. Un cœur d'or ne fe laiffe pas prendre à l'amorce d'un vil plomb. Je ne veux ni donner, ni rifquer rien pour du plomb.—Que dit l'argent avec fa couleur virginale?

Qui me prend, recevra le prix de fon mérite.

Le prix de fon mérite? Arrête-là, Prince, & péfe ta valeur d'une main impartiale. Si tu juges de ton prix par l'opinion que tu as de toi, ton mérite eft affez grand; mais *affez* n'eft pas affez pour valoir & mériter cette Belle.—Il y auroit pourtant de la foibleffe d'efprit à douter de ce que je vaux, & à me déprécier. Le prix de mon mérite!... Mais vraiment: c'eft cette Beauté. Je la mérite par ma naiffance, par mes richeffes, par mes graces, par les qualités que j'ai reçues de l'éducation; mais plus que tout cela, je la mérite par mon amour. Si je ne m'égarois pas plus loin, & que je fixaffe ici mon choix...... Voyons encore une fois ce qui eft gravé fur le coffre d'or:

Qui me prend, gagnera ce que beaucoup désirent.

Mais c'est cette Dame. Le monde entier la désire, & l'on vient des quatre coins de la terre pour baiser cette châsse où respire cette sainte vivante. Les déserts de l'Hircanie & les vastes solitudes de l'aride Arabie, sont devenus de grands chemins frayés, depuis que les Monarques de ces régions s'empressent de venir contempler la belle Portia ; le liquide empire de l'Océan, dont la tête ambitieuse vomit ses flots sur la face des Cieux, n'est pas une barrière capable d'arrêter l'ardeur de ces Etrangers lointains : ce n'est pour eux qu'un léger ruisseau qu'ils traversent, pour venir admirer la belle Portia. Un de ces trois coffres contient son divin portrait. Est-il probable qu'elle soit dans du plomb ? Quelle horreur de le croire ! Ce métal est trop grossier, pour renfermer même son linceul dans la nuit du tombeau. Croirai-je qu'elle est cachée dans l'argent, tandis qu'elle est d'un prix dix fois au-dessus de l'or le plus pur ? Idée coupable ! Jamais brillant si précieux ne fut enchâssé dans un métal au-dessous de l'or. Les Anglais ont une monnoie d'or, qui porte pour empreinte la figure d'un Ange (†): il n'y est que gravé en dehors : mais ici c'est un Ange réel couché dans un lit d'or. Donnez-moi la clef. Je choisis celui-ci, à tout hazard.

───────────

(†) Cette monnoie se nomme *Angel.*

PORTIA.

La voilà, Prince, & si mon portrait s'y trouve, je vous appartiens. (*Elle ouvre le coffre d'or.*)

LE PRINCE DE MAROC.

O enfer! Quel objet se présente? Un cadavre, & dans le creux de son œil, un rouleau de papier! Je veux lire cet écrit. Il lit:

>Tout ce qui reluit, n'est pas or;
>Vous l'avez souvent ouï dire.
>Bien des hommes ont vendu leur vie,
>Pour ne contempler que mon éclat.
>Les tombes dorées n'enferment que des vers.
>Si vous eussiez été aussi sage, que hardi,
>Jeune par la force, & vieux par le jugement;
>Votre réponse n'eût pas été dans ce rouleau.
>Adieu. Votre but est manqué.

Oh! oui, manqué vraiment! Et ma peine perdue. Adieu donc, feux de l'Amour. — Froide & insensible indifférence, sois mon lot. (*à Portia.*) Adieu, Portia: mon cœur est trop accablé, pour se répandre en insipides adieux. Les malheureux qui ont tout perdu, se retirent en silence. (*Il sort avec sa suite.*)

PORTIA.

Nous en voilà heureusement délivrés. Fermez les rideaux. Allons.... Puissent tous ceux de sa couleur choisir de même! (*Portia sort avec sa suite.*)

Fin du second Acte.

ACTE III.

SCÈNE PREMIÈRE.

La Scène est dans une Rue de Venise.

SOLANIO, SALARINO.

SOLANIO.

Hé bien ; j'ai vu Bassanio mettre à la voile. Gratiano est parti avec lui, & Lorenzo n'est point dans leur vaisseau, j'en suis sûr.

SALARINO.

Cet infame Juif a éveillé le Duc, qui dans l'alarme est venu avec lui pour chercher le vaisseau de Bassanio.

SOLANIO.

Il est venu trop tard. L'ancre étoit levée ; mais on a donné à entendre au Duc, qu'on avoit vu dans une gondole Lorenzo & sa tendre Jessica. D'ailleurs Antonio a certifié, qu'ils n'étoient pas dans le même vaisseau que Bassanio.

SALARINO.

Jamais je n'ai été témoin d'une fureur si forcenée, si bizarre, si violente & si variée sur tous les tons, que celle que le Juif a fait éclater dans les rues : « Ma fille ! ô mes ducats ! ô ma fille ! Un Chrétien
» les emporte. O mes chrétiens de ducats ! Justice,
» loi ! Mes ducats, ma fille. Un sac, deux sacs de
» ducats, de doubles ducats, que ma fille m'a volés !
» Et des bijoux, deux pierres, deux pierres rares
» & précieuses, que ma fille m'a volées ! Justice !
» Qu'on trouve ma fille ; elle a sur elle les pierres
» & les ducats »,

SOLANIO.

Tous les enfans de Venise sont après lui qui court, criant : *ses pierres, sa fille & ses ducats.*

SALARINO.

Qu'Antonio prenne garde au jour fixé. Qu'il tienne sa parole ; sinon il le paiera cher.

SOLANIO.

Vraiment, vous avez raison. J'ai parlé hier à un Français, qui m'a dit, que sur le Détroit qui sépare la France de l'Angleterre, il avoit péri un vaisseau

de

de notre pays, richement chargé. A ce discours j'ai songé à Antonio, & j'ai souhaité en secret, que ce ne fût pas un des siens.

SALARINO.

Vous ferez mieux de dire à Antonio ce que vous savez; mais ne le faites pas trop brusquement, de peur de l'affliger.

SOLANIO.

Il n'est pas de plus honnête homme sur la terre. J'ai vu Bassanio & Antonio se séparer. Bassanio lui disoit qu'il hâteroit son retour; Antonio lui répondoit: « Gardez-vous-en bien, Bassanio; ne gâtez pas
» vos affaires pour moi; mais employez tout le tems
» nécessaire pour réussir. Quant au billet qui est entre
» les mains du Juif, que votre ame ne s'en embar-
» rasse pas, au nom de l'Amour! Soyez joyeux : que
» votre imagination ne s'occupe qu'à trouver les
» moyens propres à toucher votre Amante ». (†) A ces mots, les yeux chargés de larmes & détournant le visage, il a passé sa main derrière lui; & il a serré

(†) Cette touchante Description de la séparation de deux amis, offriroit un beau sujet au pinceau du Peintre. *Mrs Griffith.*

celle de Bassanio avec une sensibilité déchirante : & ils se sont séparés.

SALARINO.

Je crois qu'il n'aime la vie que pour son ami. Courons le chercher, je vous en prie, & tâchons de lui offrir quelques plaisirs, pour le tirer de cette mélancolie où il se plaît à s'enfoncer.

SOLANIO.

Oui : allons. (*Ils sortent.*)

SCÈNE II.

La Scène est à Belmont.

NÉRISSA, UN VALET.

NÉRISSA *au Valet*.

Vite, & vîte, tire vîte le rideau. Le Prince d'Arragon a prêté le serment, & il s'avance pour choisir.

LE PRINCE D'ARRAGON, PORTIA, NÉRISSA, & *sa suite*.

On joue une Fanfare de Cors.

PORTIA.

Voyez, noble Prince. Voici les coffres. Si vous prenez celui qui contient mon portrait, notre Hymen fera célébré sur le champ. Mais si vous vous trompez, il faut, Seigneur, sortir aussi-tôt de ces lieux, sans prononcer un mot.

LE PRINCE.

Je suis obligé par mon serment, d'observer trois choses, la première, de ne jamais révéler à personne quel est le coffre que j'aurai choisi. Ensuite, si mon choix n'est pas heureux, de ne jamais faire de proposition de mariage à aucune femme. Enfin, si la fortune ne favorise pas mon jugement, de vous quitter & de partir sur le champ.

PORTIA.

Ce sont les conditions que jurent d'observer ceux qui viennent s'exposer au hazard de m'avoir pour épouse.

LE PRINCE.

Et je les ai remplies. Fortune, fais-moi rencontrer l'espoir de mon cœur. De l'or, de l'argent & du vil plomb !

Qui me prend, doit donner & risquer tout ce qu'il a.

Vous aurez une plus belle apparence, avant que je donne ou risque rien pour vous. Que dit le coffre d'or? Hé, voyons.

Qui me prend, recevra ce que bien des hommes désirent.

Ce que bien des hommes désirent.... Cela peut s'entendre du sot vulgaire, qui détermine son choix sur l'apparence, n'appercevant rien au-delà de ce que son œil charmé lui présente : qui ne perce pas jusques dans l'intérieur ; mais semblable à l'hirondelle, bâtit en dehors du mur, & expose son nid aux injures de l'air, à la portée & dans le chemin même des accidens (†). Je ne choisirai point ce que tant de gens désirent ; je ne veux pas me confondre avec la grossière multitude des esprits vulgaires. Je viens à toi, riche sanctuaire d'argent. Répète-moi ton inscription.

Qui me prend, recevra le prix de son mérite.

C'est bien dit. Car qui peut chercher à duper la

_____

(†) Le Poëte expose ici les faux calculs de bonheur, que les hommes sont sujets à faire. *Mrs Griffith.*

fortune, & s'élever honorablement aux grandeurs, sans l'empreinte du mérite ? Que personne ne prétende se revêtir d'honneurs dont il est indigne… Oh ! plût au Ciel, que les biens, les charges, les dignités ne fussent pas enlevées par la corruption, & que le pur & brillant honneur ne s'acquît jamais, que par les vertus de celui qui en est revêtu ! Que de gens, qui sont nuds, seroient couverts ! Que d'autres qui commandent, seroient commandés ! Que de grains de bassesse à séparer de la vraie semence de l'honneur ! Que l'on retrouveroit d'honneur caché sous le chaume & sous les ruines du tems, & auquel l'on devroit rendre son premier éclat ! (†) Mais choisissons.

Qui me prend, recevra le prix de son mérite.

Je prendrai ce que je mérite. Donnez-moi la clef de celui-ci, & découvrez mon sort sur le champ.

PORTIA *ouvrant le coffre.*

Vous avez perdu trop de tems pour ce que vous trouverez ici.

(†) On fait ici une distinction bien juste & bien fondée du mérite d'avec les dignités, ou des titres *à*, d'avec les titres *de* l'honneur. *Mrs Griffith.*

LE PRINCE *appercevant un portrait.*

Que vois-je ! la figure d'un idiot, qui d'un œil louche me préfente un papier ? Je veux le lire. Que tu es différent de Portia ! Que tu es loin de combler mon espérance & d'égaler mon mérite !

Qui me prend, recevra le prix de fon mérite.

N'ai-je mérité que la tête d'un fot ? Eft-ce là ce que je vaux ? Ne méritai-je rien de mieux ?

PORTIA.

Offenfer & bien juger, font deux emplois différens & de nature oppofée.

LE PRINCE.

Lifons :
   Le feu a éprouvé fept fois ce métal ;
   Le jugement doit l'être autant de fois
    Pour ne jamais mal choifir.
  Il eft des gens qui n'embraffent que des ombres ;
   Ceux-là n'ont que l'ombre du bonheur !
  Je fais qu'il y a des fots fur la terre,
    Vêtus d'argent, comme je le fuis.
  Époufez quelle femme vous voudrez,
   Votre tête fera toujours la mienne.
  Adieu, Seigneur, vous êtes congédié.

Plus je tarderai dans ces lieux, plus je montrerai ma fottife. Je fuis venu faire ma cour avec une tête

DE VENISE. 87

de fot, & je m'en retourne avec deux. Adieu, Madame, je remplirai mon ferment de fupporter patiemment mon malheur. (*Il fort.*)

PORTIA.

Le moucheron s'eft brûlé à la lumière. Oh! les graves fots! Quand ils choififfent, ils font tant à force d'efprit & de raifonnement, qu'ils fe trompent.

NÉRISSA.

Le vieux proverbe n'a pas tort : *Pendus ou mariés, nous le devons au fort.*

PORTIA.

Allons, ferme le rideau, Nériffa.

SCÈNE III.
PORTIA, NÉRISSA; UN VALET.

LE VALET.

Où eft Madame ?

NÉRISSA.

La voici : que lui veut-on ?

LE VALET.

Madame, il vient de defcendre à votre porte un jeune Venitien, qui marche devant fon Maître pour annoncer fon arrivée, & vous préfenter de fa part des falutations qui attirent l'attention, je veux dire, de galans & gracieux complimens, accompagnés de préfens d'un haut prix. Je n'ai jamais vu de fi aimable Meffager d'amour. Jamais, pour annoncer quel riche Été s'approche, on ne vit briller dans le Printems un jour auffi charmant, que ce Courier qui précéde fon Maître.

PORTIA.

Arrête, je te prie; je crains prefque, que tu ne me difes tout-à-l'heure qu'il eft de tes parens, en te voyant faire, pour le louer, une fi grande dépenfe d'efprit. Allons, allons, Nériffa, je brûle de voir ce Courier d'amour, qui fe préfente avec tant de graces.

NÉRISSA.

Baffanio. O Seigneur Amour, fais que ce foit lui!

SCÈNE

SCÈNE IV.

La Scène est dans une Rue de Venise.

SOLANIO, SALARINO.

SALARINO.

Hé bien, quelles nouvelles sur le Rialto? (†)

SOLANIO.

Le bruit y continue toujours, sans contradiction, qu'Antonio a un vaisseau d'une riche cargaison naufragé dans le Détroit. Je crois qu'ils nomment cet endroit, les *Good-wins*; un bas fond des plus dangereux, & souvent fatal, où sont ensevelies une foule de carcasses de gros vaisseaux; si mon propos de commère est cette fois celui d'une femme honnête & de parole.

SALARINO.

Je voudrois que ton propos eût menti en cela; comme jamais ne mentit commère en rompant du pain d'épices, ou en faisant accroire à ses voisines,

---

(†) Place du Change à Venise.

qu'elle pleuroit la mort de son troisième mari. —Mais il n'est que trop vrai, (sans détour ni bavardage, & dans la ronde façon de s'énoncer) que le bon Antonio, l'honnête Antonio.... O de quel épithète assez digne pourrai-je accompagner son nom?

SOLANIO.

Hé bien, en somme ; au fait.

SALARINO.

Que dis-tu ? Hé bien, le fait est qu'il a perdu un navire.

SOLANIO.

Je voudrois du moins que ce fût-là la fin de ses pertes.

SALARINO.

Que je te réponde vîte, *ainsi soit-il !* de peur que le Diable ne vienne à la traverse de ta prière. Car c'est lui que je vois s'avancer sous la forme d'un Juif.

SCÈNE V.

La Scène est à Venise.

SHYLOCK, SOLANIO, SALARINO.

SALARINO.

Hé bien, Shylock? Quelles nouvelles à la Bourse de Venise?

SHYLOCK.

Vous les savez. Personne, non, personne ne sait mieux que vous, comment ma fille a pris la fuite.

SOLANIO.

Cela est sûr. Pour ma part, je connois le Tailleur qui a fait les aîles avec lesquelles elle s'est envolée.

SALARINO.

Et Shylock, pour sa part, sait que l'oiseau avoit des plumes, & qu'il est alors dans la nature des oiseaux de quitter leur nid.

SHYLOCK.

Elle sera damnée pour ce tour.

SOLANIO.

Oh! sans doute; si c'est le Diable qui la juge.

SHYLOCK.

Ma chair & mon sang se révolter!

SALARINO.

Comment, vieux cadavre, ils se révoltent à ton âge?

SHYLOCK.

Je dis, que ma fille est ma chair & mon sang.

SOLANIO.

Il y a plus de différence entre ta chair & la sienne, qu'entre le jais & l'ivoire; plus, entre ton sang & le sien, qu'entre du vin rouge, & du vin du Rhin. Mais, dites-nous; avez-vous oui dire qu'Antonio ait fait quelques pertes sur mer?

SHYLOCK.

J'ai encore là un mauvais débiteur, un banqueroutier, un prodigue (†), qui ose à peine se montrer sur le Rialto; un misérable! Il avoit coutume de venir se promener sur la place. Qu'il prenne

---

(†) C'est l'épithète que le Juif donne à la générosité de l'amitié.

garde à son billet. Il avoit coutume de m'appeller usurier. Qu'il prenne garde à son billet. Il avoit coutume de prêter de l'argent par charité chrétienne. Qu'il prenne garde à son billet.

SOLANIO.

Mais je suis bien sûr, qu'en cas qu'il fasse banqueroute, tu ne prendras pas sa chair. A quoi seroit-elle bonne?

SHYLOCK.

A amorcer des poissons. Elle nourrira ma haine, si elle ne nourrit rien de mieux. Il m'a perdu; il m'a fait tort d'un demi-million. Il a ri de mes pertes: il s'est moqué de mon gain: il a insulté ma nation: il est allé sur mes marchés: il a refroidi mes amis, échauffé mes ennemis, & pour quelle raison? Parce que je suis un Juif. Un Juif n'a-t-il pas des yeux? Un Juif n'a-t-il pas des mains, des organes, des membres, des sens, des affections, des passions? Ne se nourrit-il pas des mêmes alimens? N'est-il pas blessé des mêmes armes, sujet aux mêmes maladies, guéri par les mêmes remèdes, chauffé par le même été & glacé par le même hiver, qu'un Chrétien (†)? Si vous nous piquez, ne saignons-nous

(†) Le grand principe de la charité universelle, qui s'élève

pas ? Si vous nous chatouillez, ne rions-nous pas ? Si vous nous empoifonnez, ne mourons-nous pas (†) ? Et fi vous nous outragez, ne nous vengerons-nous pas ? Oh! fi nous vous reffemblons dans tout le refte, nous vous reffemblons auffi fur cet article. Si un Juif outrage un Chrétien, quelle eft la modération de celui-ci ? La vengeance. Si un Chrétien outrage un Juif, comment doit-il le fupporter, d'après l'exemple du Chrétien ? En fe vengeant. Je mettrai en pratique les leçons de méchanceté que vous me donnez, & fi je puis, je furpafferai mes maîtres.

UN VALET d'Antonio.

Meffieurs, mon maître Antonio eft à la maifon, & défire vous parler à tous deux.

SOLANIO.

Nous l'avons cherché de tous côtés.

---

au-deffus des coutumes & des maximes particulières des Nations & des Religions, eft fortement, quoiqu'indirectement touché ici dans ce difcours du Juif : & pour fortir de la bouche d'un infidèle, il n'en eft pas moins refpectable & vrai. *Mrs Griffith.*

(†) Mais comme il paffe ici les bornes de la Morale chrétienne, il eft à propos de lui fermer la bouche. *Mrs Griffith.*

DE VENISE.

SALARINO *voyant Tubal.*

En voici un autre de la secte. Il ne peut en venir un troisième qui les égale, à moins que le Diable ne se métamorphose en Juif. (*Solanio & Salarino fortent.*)

SCÈNE VI.
TUBAL, SHYLOCK.

SHYLOCK.

Eh bien, Tubal, quelles nouvelles de Gènes? As-tu trouvé ma fille?

TUBAL.

J'ai beaucoup entendu parler d'elle, par-tout où j'ai été ; mais je n'ai pu la trouver.

SHYLOCK.

Quoi! quoi! — Elle m'a emporté un diamant qui m'a coûté deux mille ducats à Francfort. Jamais notre Nation ne fut maudite comme à présent. Je ne l'ai jamais éprouvé, comme je l'éprouve aujourd'hui. Deux mille ducats, & d'autres rares bijoux! Je voudrois voir ma fille étendue morte à mes pieds & les diamans à fes oreilles. O! que n'eft-elle enfevelie à mes pieds, & les ducats dans fa bierre! Point de nouvelles d'eux! Non, & je ne fais pas encore combien il m'en aura coûté pour la faire chercher. Quoi! perte fur perte! Tant d'emporté par le voleur! & tant de dépenfé pour chercher le voleur! & point de fatisfaction, point de vengeance! Il n'arrive point de malheur, qu'il ne me tombe fur le dos: il n'eft de foupirs que ceux que je pouffe, de larmes que celles que je verfe.

TUBAL.

Il eft auffi d'autres malheureux. Antonio, à ce que j'ai appris à Gènes....

SHYLOCK.

Quoi, quoi, quoi? Un malheur, un malheur?

TUBAL.

A perdu un de fes vaiffeaux venant de Tripoli.

SHYLOCK.

Dieu foit loué! Dieu foit loué! Eft-il bien vrai? Eft-il bien vrai?

TUBAL.

J'ai parlé à des Matelots échappés du naufrage.

SHYLOCK.

SHYLOCK.

Je te remercie, cher Tubal. Les bonnes nouvelles! les bonnes nouvelles! Ha, ha! — Où cela? A Gênes?

TUBAL.

Votre fille, à ce qu'on m'a dit, a dépensé à Gênes quatre-vingt ducats dans une seule soirée.

SHYLOCK.

Tu m'enfonces un poignard dans le sein. Ah! je ne reverrai plus mon or. Quatre-vingt ducats d'un seul coup! quatre-vingt ducats!

TUBAL.

Je suis arrivé à Venise avec différens créanciers d'Antonio, lesquels affirment qu'il n'y a pas d'autre parti pour lui, que de faire banqueroute.

SHYLOCK.

J'en suis ravi. Oh! je le ferai souffrir. Je le tourmenterai. J'en suis ravi.

TUBAL.

L'un d'eux m'a montré une bague, qu'il avoit eue de votre fille pour un singe.

SHYLOCK.

La malheureuse! Tu me déchires le cœur, Tubal; c'étoit ma *Turquoise* (†). Je l'achetai de Lee, étant encore garçon. Je ne l'aurois pas donnée pour un désert entier plein de singes.

TUBAL.

Mais Antonio est certainement ruiné.

SHYLOCK.

Oh! oui, cela est sûr, cela est sûr; va voir le Commissaire : préviens-le quinze jours d'avance. S'il manque, j'aurai son cœur. S'il étoit une fois hors de Venise, je ferois tel négoce que je voudrois. Cours, cours, Tubal, & viens me rejoindre à notre Synagogue. Va, mon cher Tubal... A Notre Synagogue, Tubal. (*Ils sortent*)

(†) La *Turquoise* est une pierre précieuse qu'on trouve dans les veines des montagnes, sur les confins de la Perse, vers l'Orient, sous la domination des Tartares. Shylock n'estimoit pas seulement, par son prix pécuniaire, cette pierre; mais beaucoup plus par la propriété qu'on lui attribuoit de changer de couleur, de s'éclaircir, ou de se ternir, selon que la santé de l'homme qui la portoit alloit bien ou mal. On prêtoit la même vertu au *Corail*, STEEVENS.

SCÈNE VII.

La Scène est à Belmont.

PORTIA, NÉRISSA, BASSANIO, GRATIANO & *sa suite*.

PORTIA.

Arrêtez, je vous en conjure. Attendez un jour ou deux, avant de vous hasarder: car, si vous choisissez mal, je suis privée de votre compagnie: ainsi attendez quelque tems. Certain sentiment, (mais ce n'est pas de l'amour) me dit, que je ne voudrois pas vous perdre; & vous savez, que ce ne sont pas là les conseils de la haine. Mais de peur que vous ne pénétriez pas bien ma pensée (& cependant une fille n'a d'autre langue que la pensée) je voudrois vous retenir ici pendant un ou deux mois, avant de vous voir risquer votre choix pour moi. — Je pourrois vous apprendre les moyens de bien choisir. Mais alors je serois parjure; & je ne le ferai jamais. Vous pouvez vous tromper... & cependant si cela arrive par mon silence, vous me ferez souhaiter un crime: je regretterai de n'avoir pas été parjure. Malheur à vos yeux!

ils ont parcouru ma perſonne & m'ont diviſée en deux parts : une moitié de moi-même eſt à vous ; l'autre moitié eſt à vous...à moi, voulais-je dire. Mais ſi elle eſt à moi, elle eſt à vous. Ainſi je ſuis à vous toute entière. Hélas ! ce ſiécle injuſte & corrompu met des barrières entre les Propriétaires & leurs droits, & par là il arrive, que, quoique je ſois à vous, je ne ſuis pourtant pas à vous. Allons, ſoit : ce ſera la faute du ſort ; que le ſort aille donc en enfer, s'il égare votre choix : mais non pas moi, en violant mon ſerment ! Je parle trop, mais c'eſt pour balancer, pour filer, allonger le tems, & retarder l'inſtant de votre choix.

BASSANIO.

Laiſſez-moi choiſir ; car je ſuis à la torture.

PORTIA.

A la torture, Baſſanio ? Avouez donc, quelle trahiſon eſt mêlée à votre amour.

BASSANIO.

Aucune, ſi ce n'eſt l'horrible trahiſon de la défiance, qui me fait redouter l'inſtant de jouir de mon amour. Il y auroit plutôt de l'amitié & de la vie entre la neige & le feu, qu'entre la trahiſon & mon amour.

PORTIA.

Oui : mais je crains que vous ne parliez comme un homme à la torture, où les aveux, vrais ou faux, font arrachés que par la violence.

BASSANIO.

Promettez-moi la vie, & je confesse la vérité.

PORTIA.

Eh bien ! confessez & vivez.

BASSANIO.

Confessez & aimez, eût renfermé tout mon aveu. Heureux tourmens, lorsque mon bourreau me suggère des réponses pour ma délivrance ! Mais courons à ma fortune & aux coffres.

PORTIA.

Allons donc. Je suis enfermée dans l'un d'eux ; si vous m'aimez, vous me trouverez. (*à sa suite.*) Nérissa, & vous tous, faites place. — Que la Musique joue, tandis qu'il fera son choix. — Alors, s'il choisit mal, il finira comme le Cygne, qui s'évanouit au milieu des chants (†). Il se peut que son choix soit heureux ; & alors, à quoi servira la

_____

(†) Et afin que la comparaison soit plus parfaite, mes yeux formeront le ruisseau, & un liquide lit de mort pour lui.

Mufique? A quoi? Elle fera comme la fanfare qui joue, tandis que des Sujets fidèles rendent leur hommage à leur Monarque nouvellement couronné.—Elle fera, ce que font à l'aurore ces doux fons, qui pénétrent l'oreille d'un nouvel Epoux, bercé de fonges rians, qui l'invitent aux douceurs du mariage.—Le voilà qui s'avance avec autant de dignité, mais avec bien plus d'amour, que le jeune Alcide, lorsqu'il abolit le tribut d'une Vierge, payé par Troye gémiffante au monftre de la mer. Je fuis la victime dévouée au facrifice: tous les autres font les femmes Troyennes, qui les yeux pleins de trouble & d'inquiétude, s'avancent hors des murs pour voir l'iffue de l'entreprife, Va, cher Hercule! Si tu vis, je vis. Je vois le combat avec bien plus de trouble & d'effroi, que tu n'en fens toi-même, toi qui le livres.

On entend de la Mufique dans l'intérieur.

Air chanté, tandis que Baffanio examine les coffres, & confulte avec foi-même.

Dis-moi, où fiége l'Amour?
Eft-ce dans le cœur, ou dans la tête?
Comment naît-il? Comment fe nourrit-il? (†)

___

(†) Réflexion fur la difficulté de juger des hommes ou des chofes: jugement où l'imagination a plus de part que la raifon. *Mrs Griffith.*

Couplet en réponse.

L'Amour s'engendre dans les yeux,
Il se nourrit de regards, & l'Amour meurt
Dans le berceau qui l'a vu naître.
Sonnons, sonnons tous la cloche d'Amour.
Je vais commencer. Din, don.
(*Tous en Chœur*) ... Din, don .. Din, don.

BASSANIO *après avoir examiné les coffres pendant quelque tems.*

C'est ainsi que souvent l'apparence est au-dessous de la chose (†) qu'elle annonce ! Le monde est sans cesse déçu par l'ornement. En Justice, est-il cause si mauvaise, si désespérée, qui, plaidée par une voix éloquente & gracieuse, ne masque son vice sous un air d'innocence & d'équité? En Religion, est-il une erreur damnable, qu'un front ingénu ne sanctifie & ne fasse goûter, en y adaptant un texte spécieux, & cachant le poison sous des fleurs? Il n'est pas de vice si simple & si nud, qui n'offre sur ses dehors quelques caractères de la vertu. Que de poltrons, aussi trompeurs que des degrés bâtis de sable, qui portent cependant sur leur menton les barbes d'Hercule & du terrible Mars ! Ouvrez leur sein : vous ne

―――――――――――

(†) Il débute par cette phrase, qui est la suite d'une idée, qui lui a passé dans l'esprit, *Johnson*.

trouverez que des foies blancs comme lait ; ils ne prennent que l'écume de la bravoure, pour se rendre redoutables. Regardez la Beauté, & vous verrez qu'elle s'acquiert à force de parure étrangère ; & il s'opère ici un miracle dans la Nature, les plus pauvres en attraits sont celles qui sont les plus riches en ornemens. On reconnoît souvent ces tresses d'or, flottant avec grace au gré du zéphir, sur une Beauté supposée, pour être la propriété d'une autre tête ; & le crâne qui les a nourris est dans le tombeau (†). L'ornement n'est donc que le rivage trompeur d'une mer dangereuse, la brillante étoffe qui voile une Beauté indienne & basanée ; en un mot, un simulacre de la vérité, que l'adresse dans un siècle rusé expose pour attraper les plus sages. — Or brillant, dur aliment de Midas, je ne veux point de toi ; ni de toi, vil & mercenaire agent entre l'homme & l'homme. Mais toi, toi, pauvre plomb, qui menaces plus que tu ne promets ; ta pâle simplicité me touche plus que l'éloquence brillante. Je fixe ici mon choix. Puisse le bonheur en être le fruit !

PORTIA.

Comme toutes les autres passions se dissipent dans

(†) Shakespeare a déja satyrisé cette mode dans Timon d'Athènes, Acte IV.

les airs! Le foupçon inquiet, le défefpoir forcené, la crainte friffonnante, la jaloufie à l'œil verdâtre! Grace, Amour, modère-toi, tempère ton extafe, verfe tes douceurs avec mefure, diminue cet excès de félicité. Je reffens trop tes, faveurs, affoiblis-les, de peur que leur poids ne m'accable (†). [*Elle ouvre le coffre de plomb.*]

BASSANIO.

Que vois-je? le portrait de la belle Portia! Quel demi-dieu a fi fort approché de la création? Ces yeux fe meuvent-ils? Ou fi c'eft que peints fur mes prunelles mobiles, ils me paroiffent en mouvement? Ici font des lèvres féparées par une haleine de parfums. Oh! une auffi douce barrière devoit féparer d'auffi douces amies. Là, dans ces cheveux, le Peintre a égalé l'art d'Arachné, & tiffu ces filets d'or, où les cœurs des hommes feront plutôt pris, que les mouches dans les toiles de l'araignée. Mais ces yeux….. Comment a-t-il pu voir, pour les faire! Un feul achevé fuffifoit, je crois, pour le priver des deux fiens, & lui faire laiffer l'ouvrage imparfait. Mais combien j'outrage ce tableau par des louanges trop au-deffous de lui, & ce tableau eft encore autant au-deffous

___
(†) Expreffion chaude des vifs tranfports de Portia.

de l'original ! Voici le rouleau qui contient le sommaire de ma destinée. (*Il lit*) :

Vous qui ne choisissez point sur l'apparence,
Vous avez le bonheur de bien choisir.
Puisque ce bonheur vous arrive,
Soyez content, n'en cherchez pas d'autre.
Si celui-ci vous satisfait,
Et que vous regardiez votre sort comme votre bonheur,
Tournez-vous du côté de votre Amante,
Et prenez-en possession par un baiser amoureux.

O le charmant écrit ! Belle Dame, avec votre permission. (*Il l'embrasse.*) Je me présente d'après mes instructions, pour donner & pour recevoir : semblable à un gladiateur, qui pense avoir attiré sur lui les regards du peuple, lorsqu'il entend des exclamations, des applaudissemens universels ; son esprit se trouble, il regarde de tous côtés, & cherche à s'assurer si c'est à lui que ces louanges s'adressent. Telle est, Belle, & trois fois belle Portia, ma situation. Je doute encore de ce que je vois, jusqu'à ce que vous l'ayez confirmé, signé & ratifié.

PORTIA.

Seigneur Bassanio, vous me voyez où je suis, & telle que je suis ! Pour ma propre satisfaction, je n'ai pas le défir ambitieux d'être plus belle! Mais pour l'amour de vous, je voudrois pouvoir tripler vingt mois ma beauté, dix mille fois mes richeſſes. Pour vous donner de moi une haute opinion, je voudrois avoir des vertus, des biens, des qualités, des amis ſans nombre. Mais le total de moi n'eſt qu'une fille ſimple, peu inſtruite, ſans expérience: heureuſe en ce qu'elle n'eſt pas hors de l'âge d'apprendre, plus heureuſe en ce qu'elle n'eſt pas ſi mal élevée qu'elle ne puiſſe apprendre encore; mais plus heureuſe encore de ſoumettre ſon eſprit docile à votre direction, comme à ſon Seigneur, ſon Gouverneur & ſon Roi; moi-même & ce qui m'appartient, tout eſt maintenant à vous. Tout-à-l'heure j'étois la Maîtreſſe de cette belle maiſon, de mes domeſtiques, & rëine de moi-même. Maintenant cette maiſon, ces domeſtiques & moi-même ſont à vous, Seigneur. Je vous les donne avec cette bague. Lorſque vous la donnerez ou que vous la perdrez, ce ſera le préſage de notre ruine. Il ne me reſtera plus que le droit de vous reprocher mon malheur.

BASSANIO.

Madame, vous m'avez ôté le pouvoir de vous répondre. Mon ſang ſeul vous parle dans mes veines:

il règne dans toutes les puiffances de mon être le même défordre qu'on remarque dans la multitude charmée, après une belle harangue prononcée par un Prince chéri d'elle. Le murmure de différens difcours mêlés enfemble, forment un cahos, où l'on ne diftingue rien que l'expreffion confufe d'une joie qui n'eft pas articulée : mais puiffe la vie fe féparer d'ici (*il porte la main fur fon cœur*) quand cette bague fera féparée de ce doigt ! Vous pourrez dire alors, Baffanio eft mort.

NÉRISSA.

Mes chers Maîtres, c'eft à préfent notre tour à nous, qui avons été témoins de votre fort fortuné, de crier : *foyez heureux, foyez heureux, mes chers Maîtres !*

GRATIAÑO.

Seigneur Baffanio, & vous, belle Dame, je vous fouhaite tout le bonheur que vous pouvez défirer. Car je fuis fûr, que vous n'en fouhaitez aucun, aux dépens du mien. Mais lorfque vous projettez de célébrer vos nôces, permettez-moi, je vous prie, de me marier auffi.

BASSANIO.

De tout mon cœur. Tu peux chercher une femme.

GRATIANO.

Je vous ai obligation. Vous m'en avez trouvé une. Mes yeux, Seigneur, font auſſi perçans que les vôtres. Vous avez vu la Maîtreſſe, & moi la ſuivante. Mon amour n'a pas ſouffert plus de délai que le vôtre. Vous aimiez, & j'aimois. Votre ſort étoit renfermé dans ces coffres, le mien s'y trouve attaché par l'événement. J'ai déclaré mes feux à cette fille, & lui ai tant fait de fermens d'amour, que j'en ai le gôſier ſec. Enfin (ſi les promeſſes durent) j'en ai obtenu une de cette Belle. Elle s'eſt engagée à m'aimer, ſi votre choix faiſoit la conquête de ſa Maîtreſſe.

PORTIA.

Eſt-il bien vrai, Nériſſa ?

NÉRISSA.

Oui, Madame, ſi c'eſt votre bon plaiſir.

BASSANIO.

Et vous, Gratiano, entendez-vous tenir votre parole ?

GRATIANO.

Oui, Seigneur, je le jure.

BASSANIO.

Nos nôces ſeront embellies par les vôtres.

GRATIANO.

Dix mille ducats, à qui fera le premier garçon.

NÉRISSA.

Quoi, & vous couchez bas l'enjeu.

GRATIANO.

Non; on ne peut jamais gagner à ce jeu, en couchant bas l'enjeu. — Mais, qui vient ici ? Lorenzo & son infidèle ? Quoi ! Et le Venitien Solanio, mon vieil ami ?

SCÈNE VIII.

LORENZO, JESSICA, SALÉRIO & les *Acteurs précédens.*

BASSANIO.

Lorenzo & Salério, soyez les bienvenus : si toutefois un hôte aussi nouveau de ces lieux est en droit de vous y recevoir. Avec votre permission, ma chère Portia, je dis à mes amis, à mes compatriotes, qu'ils sont les bienvenus.

DE VENISE.

PORTIA.

Et je le dis aussi, Seigneur. Ils sont les très-bienvenus.

LORENZO.

J'en remercie Madame. Pour moi, Seigneur, mon dessein n'étoit pas de venir vous voir ici ; mais j'ai rencontré Salério en chemin ; il m'a tant prié de l'accompagner, que je n'ai pu dire non.

SALÉRIO.

Cela est vrai, Seigneur, & j'avois mes raisons. (*Il donne une lettre à Bassanio.*) Le Seigneur Antonio vous le recommande.

BASSANIO.

Avant que j'ouvre cette lettre, dites-moi comment se porte mon ami.

SALÉRIO.

Ni mal, Seigneur, à moins que sa maladie ne soit dans l'ame ; ni bien, à moins que sa santé ne soit dans l'ame. Sa lettre vous apprendra sa situation.
(*Bassanio ouvre la lettre.*)

GRATIANO.

Nérissa, faites un bon accueil à cette étrangère,

traitez-la bien. Votre main, Salério. Quelles nouvelles de Venife? Comment fe porte ce brave Négociant, le bon Antonio? Je fuis sûr qu'il fe réjouira de nos fuccès. Nous fommes des Jafons, nous avons conquis la Toifon.

SALÉRIO.

Ah! que n'avez-vous trouvé la Toifon qu'il a perdue?

PORTIA.

Il y a dans cette lettre quelques nouvelles finiftres, qui font difparoître la couleur des joues de Baffanio. Nul autre malheur dans le monde ne peut changer à ce point la conftitution d'un homme de courage. Quelque ami chéri de mort!.... Quoi! de plus en plus?... Permettez, Baffanio. Je fuis une moitié de vous-même, & je dois partager fans réferve avec vous le fecret de cette lettre.

BASSANIO.

O! ma chère Portia, il y a ici des mots.,... Jamais mots plus affreux ne noircirent le papier. Chère époufe, la première fois que je vous dévoilai ma flamme, je vous dis avec franchife, que tout le bien que je poffédois, couloit dans mes veines, que j'étois Gentilhomme,

Gentilhomme, & je vous difois vrai. Cependant, Madame, lorfque je m'évaluois à néant, voyez quel impofteur j'étois, quand je vous ai dit que mon bien étoit, rien. J'aurois dû vous dire, qu'il étoit au-deffous de rien. Je me fuis engagé avec un tendre ami, & j'ai engagé cet ami avec le plus cruel de fes ennemis, pour me procurer des reffources. Voilà une lettre, Madame, dont le papier me femble le corps de mon ami, & chaque mot, une large bleffure qui verfe des flots de fang. Mais eft-il bien vrai, Salério? Tous fes vaiffeaux ont-ils manqué, aucun n'a-t-il réuffi?

SALÉRIO.

Aucun, Seigneur. D'ailleurs, il paroît que s'il avoit à préfent l'argent du billet, le Juif ne voudroit pas le prendre. Je n'ai jamais vu de créature revêtue de la forme d'un homme, auffi acharnée, auffi avide de perfécuter un homme. Il affiége jour & nuit le Duc, & il en appelle à la sûreté de l'État, s'il refufe de lui rendre juftice. Vingt Marchands & les Chefs de la Nobleffe, ont tenté de le perfuader; mais on n'a pu l'engager à fe défifter de fes droits affreux. Il demande l'acquit de juftice & de fon billet.

JESSICA.

Etant avec lui, je l'ai vu jurer à Tubal & à Chus,

Tome XV. Premiére Partie. P

ſes compatriotes, qu'il aimeroit mieux avoir la chair d'Antonio, que vingt fois la ſomme qui lui eſt dûe; & je ſuis aſſurée que ſi les loix & l'autorité, & toute la force du pouvoir ne s'y oppoſent, il traitera mal le pauvre Antonio.

PORTIA.

C'eſt votre ami qui ſe trouve dans cette perplexité?

BASSANIO.

Le plus cher de mes amis, le plus honnête des hommes, l'ame la plus noble, & le plus imprudent bienfaiteur : enfin, l'homme qui nous retrace l'ancienne vertu Romaine, plus qu'aucun autre habitant de l'Italie.

PORTIA.

Combien doit-il au Juif?

BASSANIO.

Il doit pour moi trois mille ducats.

PORTIA.

Quoi ! pas davantage ? Donnez-lui-en ſix mille, & annullez le billet. Doublez les ſix mille, triplez-les, plutôt qu'un ami, dont vous me faites un ſi beau portrait, perde jamais un cheveu par la faute de Baſſanio. Allons enſemble au Temple, nommezm'y votre épouse, & courez aussi-tôt à Venise secourir votre ami : car vous ne serez jamais reçu dans la couche de Portia, avec une ame inquiéte & troublée. Je vous donnerai de l'or assez pour payer vingt fois cette petite dette. Quand elle sera acquittée, amenez votre ami avec vous. Cependant Nérissa & moi, nous vivrons comme des filles & des veuves. Allons, venez : car vous allez partir le jour même de vos nôces. Traitez bien vos amis, montrez un cœur joyeux & content : puisque je vous ai acheté cher, vous me serez cher, & je vous aimerai tendrement. — Mais voyons la lettre.

BASSANIO *lit.*

« Mon cher Bassanio, tous mes vaisseaux ont péri :
» mes créanciers deviennent cruels : ma fortune est
» réduite à bien peu de chose. Le délai du billet du
» Juif est expiré : & puisqu'en remplissant la clause
» qu'il renferme, il est impossible que je vive, toutes
» vos dettes envers moi seroient acquittées, si je
» pouvois vous voir avant ma mort. Au reste suivez
» votre inclination : si votre amitié ne vous engage
» pas à venir, que ce ne soit pas ma lettre »

PORTIA.

Cher époux, dépêchez-vous & partez.

BASSANIO.

Puisque j'obtiens mon congé de votre bouche, je vais me hâter. Mais jusqu'à mon retour, aucun lit ne sera complice de mon retard; nul repos, nul sommeil ne prolongera le tems de notre séparation.

SCÈNE IX.

La Scène est dans une Rue de Venise.

SHYLOCK, ANTONIO, SOLANIO, *un* GEOLIER.

SHYLOCK.

Geolier, veillez sur lui. Ne me parlez pas de pitié. Voilà ce fou, qui prêtoit de l'argent gratis.—Geolier, veillez sur lui.

ANTONIO.

Encore un mot, cher Shylock.

SHYLOCK.

Je veux qu'on satisfasse à mon billet; ne me parlez pas contre mon billet. J'ai juré que mon billet seroit acquitté. — Tu m'as appellé chien, sans en avoir aucun sujet; mais puisque je suis un chien, prends garde à mes dents. Le Duc me fera justice. — Je m'étonne, coquin de Geolier, que tu aies la foiblesse de sortir avec lui à sa sollicitation.

ANTONIO.

Je te prie, laisse-moi te parler.

SHYLOCK.

Je veux qu'on satisfasse à mon billet : je ne veux point t'entendre, je veux qu'on acquitte mon billet. Ne me parle pas davantage : je n'aurai pas la sotte foiblesse de verser d'imbécilles larmes, de me laisser fléchir, & de céder en soupirant aux instances des Chrétiens. Ne me suis pas. Je ne veux point t'entendre, je veux l'acquit de mon billet. (*Il sort.*)

SOLANIO.

C'est le dogue le plus inflexible qui ait jamais été lâché dans la société des hommes.

ANTONIO.

Laissons-le, je ne le poursuivrai plus de prières inutiles; il veut avoir ma vie: j'en sais bien la raison. J'ai arraché à ses poursuites plusieurs de ses débiteurs, qui font venus me porter leurs plaintes. Voilà pourquoi il me hait.

SOLANIO.

Non : j'en fuis sûr, le Duc ne fouffrira jamais qu'un pareil engagement tienne.

ANTONIO.

Le Duc ne peut refufer de fuivre la loi : il faut qu'il refpecte les priviléges dont les étrangers jouiffent à Venife. L'Etat fouffriroit de cette injuftice : car la richeffe de fon commerce eft fondée fur la confiance qu'ont en fes loix toutes les Nations. Allons ; mes peines & mes pertes m'ont tellement abattu, qu'à peine pourrai-je conferver jufqu'à demain une livre de chair pour mon fanguinaire créancier. Marchons, Geolier. —Prions Dieu, que Baffanio vienne me voir acquitter fa dette, & je fuis content,

(*Ils fortent.*)

SCÈNE X.

La Scène est à Belmont.

PORTIA, NÉRISSA, LORENZO, JESSICA, BALTAZAR.

LORENZO.

Quoique ce soit à vous que ce discours s'adresse, Madame; je suis sincère. Vous avez une ame noble & les sublimes sentimens d'une amitié divine. Vous les faites briller avec bien de l'éclat, en supportant avec une si grande fermeté l'absence de votre époux. Mais si vous saviez à quel objet votre grandeur d'ame fait ce sacrifice, combien l'homme que vous secourez est un ami tendre & plein d'honneur, combien il est attaché à votre époux; je suis sûr que vous tireriez encore plus de gloire & de satisfaction de votre ouvrage, que l'habitude d'être bienfaisante ne peut vous en inspirer.

PORTIA.

Je ne me repens jamais d'avoir fait du bien, & je ne m'en repentirai pas aujourd'hui. Entre deux êtres unis, qui vivent & passent leurs jours ensemble, dont les ames portent également le joug de la tendreſſe; il faut qu'il ſe trouve de même un rapport de traits, de mœurs & de ſentimens. C'eſt ce qui me fait penſer, que cet Antonio, étant l'ami de cœur de mon époux, doit reſſembler à mon époux. S'il eſt ainſi, il m'en a coûté bien peu pour arracher l'image d'un ſecond moi-même, aux tourmens que lui préparoit une cruauté infernale. Mais c'eſt trop faire ici mon éloge. Laiſſons ce diſcours. Ecoutez autre choſe, Lorenzo, je remets en vos mains l'autorité de mon mari & la mienne; exercez-la dans ma maiſon juſqu'à ſon retour. De mon côté, j'ai fait ſecrettement un vœu au Ciel; de vivre dans la prière & dans la méditation, accompagnée de la ſeule Nériſſa, juſqu'à ce que ſon époux & le mien reviennent. Il y a un Monaſtère à deux milles d'ici; c'eſt là que je veux me fixer. Je vous conjure de ne pas refuſer la charge, que mon amitié & la néceſſité vous impoſent.

LORENZO.

Madame, je la reçois de bon cœur. J'obéirai toujours à d'auſſi beaux ordres.

PORTIA,

Mes gens ſavent déja mon deſſein, ils ſeront ſoumis

mis à vous & à Jeſſica, comme à Baſſanio & à moi-même. Adieu, portez-vous bien, juſqu'au moment de nous réunir.

LORENZO.

Puiſſiez-vous n'avoir que des penſées agréables, & des momens heureux !

JESSICA.

Je vous ſouhaite, Madame, tout le bonheur que peut déſirer un cœur.

PORTIA.

Je reçois vos vœux avec reconnoiſſance, & c'eſt avec plaiſir que j'en fais de pareils pour vous. Adieu, Jeſſica. (*Lorenzo & Jeſſica ſortent. Portia continue en s'adreſſant à Baltazar.*) Baltazar, je t'ai toujours reconnu pour être honnête & vrai ; que je te trouve toujours de même. Prends cette lettre & cours à Padoue (†) avec la plus grande diligence ; remets-la en main-propre au Docteur Bellario, mon couſin : prends les habillemens qu'il te donnera, & porte-les, je t'en prie, avec la plus grande célérité, au lieu où l'on paſſe ordinairement la barque pour aller à Veniſe.

(†) Padoue étoit l'Ecole de toute l'Italie pour l'étude du Droit civil.

Ne perds point de tems en difcours; pars, je m'y trouverai avant toi.

BALTAZAR.

Madame, je ferai toute la diligence convenable.
(*Il fort.*)

PORTIA.

Approche, Nériffa: je trame quelque chofe que tu ignores. Nous reverrons nos maris, avant qu'ils s'y attendent.

NÉRISSA.

Nous verront-ils?

PORTIA.

Oui, Nériffa: mais fous des habits qui leur feront penfer que nous avons ce qui nous manque. Je gage tout ce que tu voudras, que quand nous ferons déguifés en hommes, je fuis le plus joli garçon des deux, & que je porterai ma dague avec plus de grace que toi. Nous verrons qui prendra le mieux le ton & la voix grêle de l'enfant paffé à l'adolefcence, qui fe donnera le mieux la démarche d'un homme. Je parlerai batailles comme un jeune fanfaron. Je débiterai maints jolis menfonges; combien de femmes d'un rang diftingué ont recherché mon amour; combien mes refus en ont rendu malades; & combien en sont mortes. Je ne savois qu'y faire. Puis je m'en repentirai, & je regretterai d'avoir causé leur trépas. — Je ferai mille de ces petits contes. Les hommes jureront que je suis sorti des écoles il y a plus d'un an. — Enfin, j'ai dans l'esprit un tas de propos & de tours de tous ces jeunes étourdis, dont je veux faire usage (†).

NÉRISSA.

Deviendrons-nous hommes ?

PORTIA.

Fi donc. Quelle question, si tu la faisois à quelqu'un capable de l'interpréter dans un mauvais sens! Mais viens, je te dirai tout mon projet, quand nous serons dans ma voiture, qui nous attend à la porte du parc. Dépêchons-nous; car il faut que nous fassions vingt milles aujourd'hui. (*Ils sortent.*)

(†) Peinture vive de ces jeunes fanfarons, qu'on rencontre par-tout dans la vie, à la cour, dans les camps & dans les caffés. *Mrs Griffith.*

SCÈNE XI.

LANCELOT & JESSICA.

LANCELOT.

Oui, en vérité. — Car, voyez-vous, les péchés du père retombent fur les enfans : auffi, je vous protefte, que j'ai peur pour vous. J'ai toujours été franc avec vous, & je vous expofe de même mes opinions fur cet article. Ainfi armez-vous de courage : car en confcience, je crois que vous êtes damnée. Il ne refte qu'une feule efpérance, qui peut encore vous fauver : mais ce n'eft qu'une efpèce d'efpérance bâtarde.

JESSICA.

Et quelle forte d'efpérance, je te prie?

LANCELOT.

La voici : vous pourriez efpérer un peu, que ce n'eft pas votre père qui vous a engendrée, que vous n'êtes pas la fille du Juif.

JESSICA.

C'eft-là en effet une forte d'efpérance bâtarde : mais

alors ce feroient les péchés de ma mère qui feroient *vifités* (†) en moi.

LANCELOT.

Ma foi, j'ai grand peur que vous ne foyez damnée à la fois du côté paternel & maternel : ainfi en voulant éviter Scylla, votre père, je tombe en Charybde, votre mère. Allons vous êtes une fille perdue des deux côtés.

JESSICA.

Je ferai fauvée par mon mari, qui m'a fait Chrétienne.

LANCELOT.

Vraiment, il n'en eft que plus blâmable : nous étions déja bien affez de Chrétiens; tout autant qu'il en falloit pour pouvoir bien vivre les uns avec les autres. Cette fureur de faire des Chrétiens hauffera le prix des porcs : fi nous nous mettons tous à manger du porc, nous ne pourrons bientôt plus avoir une grillade fur les charbons pour notre argent.

(†) Expreffion de l'Ecriture.

SCÈNE XII.

Les mêmes.

LORENZO.

JESSICA.

Lancelot, je vais conter à mon mari, ce que vous venez de me dire : le voilà qui vient.

LORENZO.

Sais-tu, Lancelot, que je deviendrai bientôt jaloux de toi, si tu attires ainsi ma femme dans des recoins solitaires.

JESSICA.

Oh, vous n'avez pas lieu de vous allarmer, Lorenzo. Lancelot & moi ne sommes pas bien ensemble. Il me dit tout net, qu'il n'y a point de merci pour moi dans le Ciel; parce que je suis la fille d'un Juif; & il dit aussi, que vous n'êtes pas un bon membre de la République : car en convertissant les Juifs en Chrétiens, vous faites augmenter le prix du porc.

LORENZO.

Je me justifierai mieux de cela envers la République, que tu ne pourras te juſtifier, toi, d'avoir groſſi le ventre de la Négreſſe : la fille Maure eſt enceinte de tes œuvres, Lancelot.

LANCELOT.

C'eſt beaucoup, que la jeune Maure (†) ſoit plus groſſe que de raiſon : mais ſi elle eſt moins qu'une honnête femme, elle eſt toujours plus que ce pourquoi je l'ai priſe.

LORENZO.

Comme il eſt aiſé à tous les ſots de jouer ſur les mots ! Je crois d'honneur, que bientôt le rôle qui ſiéra le mieux à l'eſprit, ſera le ſilence : & qu'il n'y aura plus que les perroquets qu'on pourra louer de parler. — Allons, rentre : & dis-leur de ſe préparer au dîner.

LANCELOT.

Cela eſt fait, Monſieur : ils ont tous des eſtomacs.

(†) Il y a ici un jeu de mots ſur les mots *Moor*, Maure, & *More*, plus, qui eſt intraduiſible, & qui eſt dans le genre de cette Epigramme de Milton.

Galli ex concubitu gravidam te ; *Pontia*, *Mori*
Quis bene moratam morigeramque negat ?

LORENZO.

Bon Dieu! quel moulin à quolibets tu es! Allons, dis-leur de *couvrir* la table.

LANCELOT.

Cela est fait aussi, Monsieur: *couvrir*, est le mot.

LORENZO.

Hé bien veux-tu *couvrir* ?

LANCELOT.

Non pas, Monsieur: je connois mon devoir. (†).

LORENZO.

Encore de la contestation à ce sujet ! Veux-tu donc montrer toute la richesse de ton esprit en un instant? Je t'en prie, daigne entendre & interpréter tout uniment un homme qui parle tout uniment. Va trouver tes camarades: dis-leur de couvrir la table, de servir les plats, & nous allons entrer pour dîner.

LANCELOT.

Pour la table, Monsieur, elle sera servie: pour les plats, Monsieur, ils seront couverts: quant à votre entrée pour venir dîner, qu'elle soit comme le voudront vos fantaisies & vos idées. (*Il sort.*)

(†) Autre équivoque sur le mot *Cover*.

SCÈNE XIII.

LORENZO, JESSICA.

O rare difcernement ! comme fes mots s'enchaînent fans fens ni liaifon ! Le fot a entaffé dans fa mémoire une armée de bons termes : & je connois bien des fots, d'un état & d'une condition plus relevée, qui font farcis de mots comme lui ; & qui par un mot plaifant, déconcertent & dénaturent la converfation la plus férieufe. — Hé bien, Jeffica, comment va le courage ? Et dis-moi, ma chère, dis-moi ton opinion, comment goûtes-tu l'époufe de Baffanio ?

JESSICA.

Au-delà de toute expreffion. Il eft fort à propos, que le Seigneur Baffanio mène une vie pure & vertueufe : car ayant le bonheur de poffédér une pareille époufe, il goûte ici-bas les félicités du Ciel ; & s'il n'étoit pas capable de les fentir ici fur la terre, il feroit fort inutile qu'il allât jamais dans le Ciel. Oui, fi deux Divinités faifoient quelque gageure célefte, & que pour prix ils miffent deux femmes de la terre, & que Portia en fût une, il faudroit abfolument trouver quelqu'autre enjeu pour remplacer l'autre : car ce pauvre & chétif bas-monde n'a pas sa pareille.

LORENZO.

Hé bien, tu as en moi un époux pareil, à ce qu'elle est en épouse.

JESSICA.

Oh ! demande-moi aussi mon sentiment sur ce point.

LORENZO.

C'est ce que je ferai incessamment : mais d'abord, allons dîner.

JESSICA.

Allons, laisse-moi faire ton panégyrique, tandis que je suis en appétit.

LORENZO.

Non : réserve-nous-le pour propos de table : une fois là, quoique tu puisses dire, je le digérerai avec le reste.

JESSICA.

Allons, je ferai ton panégyrique. Je t'en donnerai de dure digestion. (*Ils sortent.*)

Fin du troisième Acte.

ACTE IV.

SCÈNE PREMIÈRE.

La Scène est dans le Sénat de Venise.

LE DUC, SÉNATEURS, ANTONIO,
BASSANIO, GRATIANO, &c.

LE DUC.

Antonio est-il ici?

ANTONIO.

Prêt à paroître, dès qu'il plaira à votre Altesse.

LE DUC.

J'en suis fâché pour vous. Vous avez affaire à un adversaire inflexible comme le marbre, à un malheureux incapable de pitié, & dont le cœur n'a pas un grain de sensibilité.

ANTONIO.

Je sais, que votre Altesse a pris beaucoup de peines,

pour tâcher de modérer la rigueur de ses poursuites. Mais puisqu'il reste inexorable, & qu'il n'est aucun moyen légitime de me soustraire aux traits de sa haine, j'oppose ma patience à sa fureur. Je suis armé de courage, pour souffrir, avec une ame tranquille, la cruauté & la rage de la sienne.

LE DUC.

Allez & faites entrer le Juif dans la chambre.

SOLANIO.

Il est à la porte, Seigneur, il entre.

SCÈNE II.

SHYLOCK, & *les Acteurs précédens.*

LE DUC.

FAITES place : qu'il paroisse devant nous. —Shylock, tout le monde pense, & je le pense aussi, que tu ne feras que conduire par degrés jusques près de son dernier terme ta bisarre méchanceté, & qu'alors ta clémence & ta pitié surpasseront la cruauté que tu affectes de montrer : qu'au lieu d'exiger la peine du billet (qui eſt une livre de chair de ce pauvre Marchand) tu ne te borneras pas feulement à te déſiſter de tes prétentions à cet égard ; mais encore que touché des ſentimens de douceur & d'humanité, tu lui remettras la moitié de ſa dette, & que tu jetteras un œil de pitié ſur les pertes accumulées qui ſont venu fondre ſur lui. Elles ſuffiroient pour ruiner même un *Marchand* (†) *Roi*. Elles attendriroient ſur ſon ſort des cœurs d'airain & de pierre. Elles toucheroient les Turcs & les Tartares, dont les ames féroces ne connurent jamais les douceurs de la bienfaiſance. Nous attendons une réponſe favorable de toi, Juif.

SHYLOCK.

J'ai communiqué mes réſolutions à votre Alteſſe. J'ai juré par le ſaint jour du Sabbat, d'avoir une pleine ſatisfaction. Si vous me la refuſez, puiſſe

---

(†) *Un Marchand Royal*. Dans le tems que Veniſe étoit la Reine des mers, au troiſième ſiécle, elle permettoit, moyennant un hommage à la République, aux divers Armateurs de conquérir dans l'Archipel, & de jouir de leurs conquêtes en Souverains. D'où le titre de *Marchands Rois*, que leur donnoit toute l'Europe. — Gresham, du tems du Poëte, fut qualifié de ce titre. *Johnſon*.

cette injuftice retomber fur votre République, & porter une atteinte mortelle à fes priviléges! Vous me demanderez pourquoi j'aime mieux prendre une livre de chair, que de recevoir trois mille ducats? A cela je n'ai point d'autre réponfe, finon que c'eft mon idée ; mais fi vous voulez une réponfe, la voici (†) : Qu'un rat faffe du dégât dans ma maifon, ne fuis-je pas le maître de donner dix mille ducats pour l'empoifonner ? Quoi ! ne voilà-t-il pas une réponfe? Il y a des gens qui n'aiment pas à voir fur table un cochon de lait la gueule béante ; quelques-uns qui deviennent fous, quand ils apperçoivent un chat, & d'autres, qui au fon nafal de la cornemufe, ne peuvent retenir leur urine. Telle eft la force de la fympathie & de l'antipathie, qui influent fouverainement fur les goûts & les dégoûts de l'homme. J'en viens à ma réponfe. De même qu'il n'y a point de raifon pourquoi l'un ne fauroit fouffrir un cochon qui bâille, pourquoi l'autre tremble à la vue d'un chat, animal innocent & néceffaire, & pourquoi le troifième fe lâche au bruit de la cornemufe (§); mais

___

(†) Le Juif refufe d'abord la réponfe, à laquelle la Loi ne le force pas : enfuite par malice, il en donne une qu'il fait propre à vexer celui qui lui a fait la queftion. *Johnfon.*

(§) Fait raconté d'un Gentilhomme du Dévonshire, qui ne

DE VENISE.

qu'ils font tous contraints de céder à une force auſſi invincible, que celle d'offenſer quand on eſt offenſé : de même je ne peux ni ne veux donner d'autre raiſon de la pourſuite d'un procès, où je perds trois mille ducats de plein gré, qu'une certaine averſion, une haine intime que je ſens contre Antonio. Êtes-vous content de ma réponſe ?

BASSANIO.

Ce n'eſt pas là une réponſe, homme inſenſible, qui ſoit capable d'excuſer ta cruauté.

SHYLOCK.

Je ne ſuis pas obligé de te donner une réponſe qui te plaiſe.

BASSANIO.

Tous les hommes donnent-ils la mort à ce qu'ils n'aiment pas ?

SHYLOCK.

Peut-on haïr, ſans ſouhaiter la mort à l'objet de ſa haine ?

BASSANIO.

Toute offenſe n'enfante pas la haine tout d'un coup.

---

pouvoit entendre le ſon d'une cornemuſe, ſans être pris de l'envie d'uriner. *Farmer.*

SHYLOCK.

Comment ? voudrois-tu qu'un serpent te piquât deux fois ?

ANTONIO.

Faites attention, je vous prie, que vous raisonnez inutilement avec un Juif. Vous feriez aussi bien d'aller sur le rivage dire à la mer d'abaisser la hauteur de ses marées; de demander au loup, pourquoi il a fait bêler la brebis après son agneau dévoré; de demander aux pins des montagnes de ne pas secouer leur cimes avec bruit, quand ils sont battus par les orages. Vous viendriez plutôt à bout des entreprises les plus difficiles, que d'amollir (car qu'y a-t-il de plus dur?) le cœur d'un Juif. Cessez de lui faire des offres, je vous en conjure; ne tentez plus aucuns moyens; que j'aie mon jugement, & le Juif son désir.

BASSANIO.

Au lieu de tes trois mille ducats, en voilà six mille.

SHYLOCK.

Si chacun de ces six mille ducats étoit divisé en six parties, & que chaque partie fût un ducat, je ne les prendrois pas encore; je veux avoir satisfaction.

LE DUC.

LE DUC.

Espéreras-tu le pardon, si tu ne pardonnes pas?

SHYLOCK.

Quel jugement aurai-je à redouter, si je ne fais point de mal? Vous avez chez vous un grand nombre d'esclaves, que vous employez dans vos travaux serviles, comme vos ânes, vos chiens & vos mulets, parce que vous les avez achetés (†). Irai-je vous dire : « rendez-leur la liberté, faites, faites leur épouser » vos filles? Pourquoi suent-ils sous des fardeaux? » Donnez-leur des lits aussi doux que les vôtres. » Que leur palais soit flatté par les mêmes mets que » le vôtre. » Vous me répondez, ces esclaves sont à nous (§). Je vous réponds de même; la livre de chair que j'exige de lui, m'appartient : je l'ai payée

---

(†) Montesquieu, dans l'Esprit des Loix, parlant avec un juste mépris, & la noble indignation de l'inhumanité contre les argumens avec lesquels on cherche à excuser la cruauté dont nous traitons les Négres, dit que la meilleure raison qu'on puisse donner en faveur de la barbarie de traiter les Négres comme des bêtes de somme ; c'est qu'ils ont la peau noire & le nez plat. *Mrs Griffith.*

(§) Nous n'avons point de réponse à cet argument du Juif, nous qui faisons trafic d'hommes ! *Johnson.*

aſſez cher, & je la veux. Si vous rejettez ma requête, honte à vos Loix! Il n'y a plus ni foi ni force dans les décrets du Sénat de Veniſe.— J'attends que vous me rendiez juſtice. Parlez: l'aurai-je?

LE DUC.

Mon pouvoir m'autoriſe à renvoyer l'aſſemblée, juſqu'à ce que Bellario, ſavant Juriſconſulte, que j'ai mandé ici aujourd'hui pour réſoudre cette queſtion difficile, ſoit arrivé.

SOLANIO.

Seigneur, il y a à la porte un Exprès nouvellement arrivé de Padoue, & qui apporte des lettres du docteur Bellario.

LE DUC.

Faites-le entrer. Qu'il donne ces lettres.

BASSANIO.

Eſpérez, Antonio. Allons, prenez courage; le Juif aura ma chair, mon ſang & mes os, avant que vous perdiez une ſeule goutte de votre ſang pour moi.

ANTONIO.

Je ſuis dans le troupeau une brebis lépreuſe dévouée à la mort. Le fruit le plus foible tombe le premier : laissez-moi de même subir mon sort. — Vous n'avez rien de mieux à faire, Bassanio, que de vivre & de composer mon épitaphe.

SCÈNE III.

NÉRISSA *en Clerc d'Avocat, & les Personnages de la Scène précédente.*

LE DUC.

Venez-vous de Padoue, & de la part de Bellatio?

NÉRISSA.

Oui, Seigneur : Bellario salue votre Seigneurie.

BASSANIO.

Pourquoi aiguiser ton couteau avec tant d'ardeur (†)?

SHYLOCK.

Pour couper la chair de ce banqueroutier.

GRATIANO.

O dur Juif, ce n'est pas sur ce cuir, c'est bien

(†) Le Juif aiguise son large couteau sur le cuir de sa chaussure.

plutôt sur ton cœur (†) que tu en affiles le tranchant; il n'est point de métal, pas même la hache du bourreau, qui ait la moitié du tranchant de ta jalouse haine. Les prières ne peuvent-elles te toucher?

SHYLOCK.

Non, tu n'as pas assez d'esprit pour en faire de capables de me toucher.

GRATIANO.

Puisses-tu être damné dans les enfers, chien inexorable! Puisse-t-on faire un crime à la Justice, de te laisser la vie! Tu m'as presque fait chanceler dans ma foi: j'ai été tenté d'embrasser l'opinion de Pythagore; de croire avec lui, que les ames des animaux passent dans des corps humains. La tienne animoit un loup féroce: on le pendit pour ses meurtres; & son ame échappée du gibet, lorsque tu étois dans le ventre de ta mère immonde, passa dans ton fœtus. Tes désirs sont d'un loup cruel; comme lui, tu es altéré de sang & affamé de carnage.

(†) Il y a un jeu de mots dans l'original. Le mot *soul*, qui signifie *ame* en Anglais, se prononce comme le mot *soal*, qui signifie *soulier*.

SHYLOCK.

Tant que tu n'effaceras pas la signature de mon billet, tu ne feras qu'épuiser tes flancs en vaines clameurs. Répate ton esprit, jeune homme, tu le ruines en pure perte. J'attends ici justice.

LE DUC.

La lettre de Bellario recommande à la Cour un jeune & savant Jurisconsulte. Où est-il?

NÉRISSA.

Ici près, qui attend votre réponse, pour savoir si vous voulez le recevoir.

LE DUC.

De tout mon cœur. Allez, trois ou quatre d'entre vous ; priez-le de venir prendre sa place. Je vais en attendant faire part à la Cour de la lettre de Bellario.

Il lit :

« Votre Altesse saura qu'à la réception de sa lettre je me suis trouvé très-malade. Mais au même moment que votre Exprès est arrivé, un jeune Docteur de Rome, nommé Baltazar, m'étoit venu rendre visite. Je l'ai informé des particularités du procès pendant entre le Juif & le Marchand Antonio. Nous avons feuilleté nombre de livres ensemble. Il est muni de mon avis. Son favoir, dont je ne faurois trop louer l'étendue, y ajoutera un nouveau poids; dans ma trifte abfence, il remplira ma place auprès de votre Alteffe. Je vous demande en grace que fa grande jeuneffe ne lui raviffe point l'eftime ni le refpect qu'il mérite ; car je ne vis jamais un corps fi jeune avec une tête fi mûre. Je le recommande à vos bontés. Lorfque vous le connoîtrez, vous rendrez juftice à fon mérite. ,, Vous entendez ce que m'écrit Bellario..... Mais voici, je crois, le Docteur ,,.

SCÈNE IV.

Les Acteurs précédens:

PORTIA *en robe d'Avocat.*

LE DUC.

Donnez-moi votre main. Venez-vous de la part du vénérable Bellario?

PORTIA.

Oui, Seigneur.

LE DUC.

Soyez le bien venu. Prenez votre place. Êtes-vous

inſtruit de la queſtion qui occupe aujourd'hui la Cour?

PORTIA.

Je connois la cauſe de point en point. Quel eſt ici le Marchand, & quel eſt le Juif?

LE DUC.

Antonio & le vieux Shylock. Approchez tous deux.

PORTIA.

Vous nommez-vous Shylock?

SHYLOCK.

Je me nomme Shylock.

PORTIA.

Le procès que vous avez intenté, eſt d'étrange nature. Cependant vous vous y êtes pris de manière, que les Loix de Veniſe ne peuvent vous empêcher de le ſuivre. (*à Antonio.*) Vous courez riſque d'être ſa victime; n'eſt-il pas vrai?

ANTONIO.

Oui, il le prétend du moins.

PORTIA.

Reconnoiſſez-vous le billet?

ANTONIO.

Je le reconnois.

PORTIA.

Il faut donc que le Juif soit pitoyable & pardonne.

SHYLOCK.

Qui pourroit m'y forcer: dites-moi?

PORTIA.

Le caractère de la clémence est de n'être (†) point forcée. Elle tombe, comme la douce pluie du Ciel sur l'humble plaine. Elle produit un double bonheur; le bonheur de celui qui donne, le bonheur de celui qui reçoit. C'est dans le pouvoir, le pouvoir le plus grand (§). Elle siéd au Monarque sur le trône, bien mieux que son diadême. Son sceptre montre la force de son autorité temporelle; il est l'attribut de la vénération & de la majesté; mais la clémence est au-dessus du pouvoir attaché au sceptre; elle a son trône dans le cœur des Rois. C'est un des attributs

---

(†) Ce morceau est célèbre à Londres: on ne peut le lire trop souvent, dit Mrs *Griffith*.

(§) *Ou*, le plus sublime dans les plus grands; *ou*, qui s'aggrandit avec la grandeur. *Les deux mots Anglais admettent ces trois sens.*

DE VENISE.

de Dieu lui-même, & les Puissances de la terre se rapprochent d'autant plus de Dieu, qu'elles savent mieux mêler la clémence à la justice. Ainsi, Juif, quoique la Justice soit l'objet de ta poursuite ; fais cette réflexion, qu'en ne suivant que la rigueur de la Justice, nul de nous ne pourroit espérer de salut : nous prions pour obtenir la clémence ; & cette prière que nous faisons pour nous-mêmes, nous enseigne à tous à rendre aux autres des actes de clémence. Je me suis étendu sur ce sujet, dans le dessein de tempérer la rigueur de tes poursuites, qui, si tu les continues, forceront le Sénat de rendre un Arrêt contre ce Marchand.

SHYLOCK.

Que mes actions retombent sur ma tête ! Je réclame la Loi. Je veux qu'on remplisse les clauses de mon billet.

PORTIA.

N'est-il pas en état de te payer ?

BASSANIO.

Oui : je lui offre ici, aux yeux de la Cour, le double de la somme. Si ce n'est pas assez, je m'oblige à lui payer dix fois la somme, sous peine de perdre

Tome XV. Première Partie.   T

mes mains, ma tête & mon cœur. Si cela ne peut le satisfaire, il est manifeste que c'est la méchanceté qui opprime l'innocence. Je vous conjure de faire plier la Loi sous votre autorité. Préférez une légère injustice, pour faire une grande justice ? Rejettez la demande de ce cruel démon.

PORTIA.

Non, il n'est point d'autorité à Venise, qui puisse changer un décret établi. Cet exemple seroit cité : on s'en prévaudroit, pour introduire mille abus dans l'Etat. Cela ne peut pas être (†).

SHYLOCK.

C'est un Daniel venu pour nous juger ! Oui, un Daniel ! Jeune & sage Juge, que je t'honore !

PORTIA.

Faites-moi voir le billet, je vous prie.

SHYLOCK.

Le voilà, révérendissime Docteur ; le voilà.

(†) Le pour & le contre sur la nécessité d'observer l'exacte lettre de la Loi, est ici vivement débattu : mais il me semble que la raison d'Etat fait terminer ce débat par une conclusion d'une rigueur stoïque. *Mrs Griffith.*

PORTIA.

Shylock, on vous offre le triple de la somme.

SHYLOCK.

Un ferment, un ferment. J'ai juré à la face du Ciel; me mettrai-je un parjure fur la confcience? Non, je ne le ferai pas pour tout Venife.

PORTIA.

Le délai fatal eft expiré, & le Juif eft en droit d'exiger une livre de chair coupée tout près du cœur du Marchand. — Laiffez-vous toucher; prenez le triple de la fomme, & permettez que je déchire le billet.

SHYLOCK.

Oui, quand il fera payé, fuivant fa teneur. Il paroît que vous êtes un Juge intégre; vous connoiffez la Loi, vous avez très-judicieufement expofé le cas; je vous fomme, au nom de cette Loi, dont vous êtes un bien digne appui, de procéder au jugement. Je jure fur mon ame, que langue d'homme ne parviendra jamais à me faire changer. J'attends ici, qu'on fatisfaffe à mon billet.

ANTONIO.

Je fupplie inftamment la Cour de rendre fon jugement.

PORTIA à *Antonio*.

Hé bien ; il faut préparer votre sein à recevoir son couteau.

SHYLOCK.

O noble Juge : l'excellent jeune homme !

PORTIA.

L'intention de la Loi est ici manifeste. Il faut que les conditions du billet se remplissent.

SHYLOCK.

Cela est juste. O le bon & sage Juge ! Que tu es bien plus vieux, que tu ne le parois !

PORTIA à *Antonio*.

Ainsi, découvrez votre sein.

SHYLOCK.

Oui, son sein : le billet le dit. N'est-il pas vrai, noble Juge ? *Tout près de son cœur* ; ce sont les propres mots.

PORTIA.

Oui. Avez-vous ici des balances, pour peser la chair ?

SHYLOCK.

J'en ai de toutes prêtes.

PORTIA.

Shylock, il faut avoir auprès de lui quelque Chirurgien à vos frais, pour bander sa plaie, de peur qu'il ne perde son sang jusqu'à mourir.

SHYLOCK.

Cela est-il spécifié dans le billet?

PORTIA.

Non, pas expressément; mais qu'importe? Il seroit bien, que vous le fissiez par charité.

SHYLOCK.

Je ne l'y trouve point. Cela n'est pas dans le billet.

PORTIA.

Approchez, Marchand, avez-vous quelque chose à dire?

ANTONIO.

Peu de chose. — Je suis prêt, & armé de fermeté. Donnez-moi votre main, Bassanio. Adieu, ne vous affligez point de l'extrémité où je suis réduit pour vous. Car en ceci la fortune se montre plus indulgente qu'à son ordinaire. Elle a toujours coutume de laisser les malheureux survivre à leurs biens, &

voir avec des yeux caves & un front chargé de rides, une vieilleſſe accablée de miſère. Elle me délivre des langueurs de cet affreux état. — Parlez de moi à votre épouſe. Racontez-lui l'enchaînement des hazards qui ont cauſé la mort d'Antonio. Dites-lui, combien je vous aimois. Peignez-moi mourant avec courage, & votre récit fini, qu'elle juge ſi Baſſanio eut un ami. Ne vous repentez point de la cauſe qui vous fait perdre votre ami, comme il ne ſe repent point de ſatisfaire pour votre dette. Que le Juif enfonce ſon couteau, je conſens à la payer de tout le ſang de mon cœur (†).

BASSANIO.

Antonio, j'ai épouſé une femme qui m'eſt plus chère que la vie: mais ma vie, ma femme & l'univers entier, ne me ſont pas plus précieux que vos jours. Je conſentirois à tout perdre, oui, à tout ſacrifier à ce Lucifer, pour vous délivrer.

(†) Ce diſcours renferme des réflexions très-philoſophiques ſur l'avantage de mourir avant qu'on ſoit accablé des infirmités de l'âge & de la miſère, ſur la réſignation courageuſe qu'on doit avoir dans les maux inévitables, & ſur la généroſité d'une tendre & forte amitié. *Mrs Griffith.*

PORTIA.

Votre femme ne vous remercieroit pas de cette offre, si elle vous l'entendoit faire.

GRATIANO.

J'ai une femme que j'aime, je vous le proteste. Je voudrois qu'elle fût dans le Ciel, & qu'elle pût là intercéder auprès de quelque Puissance, pour changer le cœur de ce Juif brutal.

NÉRISSA.

Vous faites bien de dire cela loin d'elle ; sans quoi votre vœu troubleroit la paix du ménage.

SHYLOCK *à part*.

Voilà nos époux Chrétiens. J'ai une fille ; j'aimerois mieux la marier à un rejetton de la souche de Barrabas, qu'à un Chrétien. (*haut.*) Nous perdons le tems. Faites prononcer la sentence, je vous prie.

PORTIA.

Une livre de chair de ce Marchand vous appartient. La Cour vous l'adjuge, & la Loi vous la donne.

SHYLOCK.

O Juge intégre !

PORTIA.

Et vous devez couper cette chair sur son sein; la Loi & la Cour vous l'accordent.

SHYLOCK.

Le savant Juge! Voilà une sentence! — Allons, préparez-vous.

PORTIA.

Arrête un instant. Ce n'est pas tout. Le billet ne t'accorde pas une goutte de sang : les termes sont exprès, *une livre de chair*. Prends ce qui t'est dû: prends ta livre de chair. Mais si, en la coupant, tu verses une seule goutte de sang Chrétien, les Loix de Venise ordonnent la confiscation de tes terres & de tes biens, au profit de la République.

GRATIANO.

O le Juge intégre! Vois-tu, Juif? le savant Juge!

SHYLOCK.

Est-ce là la Loi?

PORTIA.

On la produira à tes yeux. Puisque tu presses, qu'on te fasse justice; sois certain, qu'on te la fera plus que tu ne voudras.

GRATIANO.

DE VENISE.

GRATIANO.

O le favant Juge! Vois-tu, Juif? le favant Juge!

SHYLOCK.

En ce cas là, j'accepte fon offre (†). Qu'on me compte trois fois le montant de l'obligation & qu'on relâche le Chrétien.

BASSANIO.

Voici ton argent.

PORTIA.

Arrêtez. On rendra pleine juftice au Juif. Doucement: ne vous preffez pas: les conditions du billet feront remplies à la lettre.

GRATIANO.

O Juif! Un Juge intégre, un favant Juge!

PORTIA.

Ainfi, prépare-toi à couper la chair. Ne verfe point de fang. Ne coupe ni plus ni moins. Si tu coupes plus ou moins d'une livre, quand ce ne feroit que la vingtième partie d'un grain; bien plus, fi la balance

---

(†) L'offre de Baffanio.

penche de la valeur d'un cheveu, tu es mort, & tous tes biens font confifqués.

GRATIANO.

Un fecond Daniel, un Daniel, Juif! — Infidèle, je te tiens maintenant.

PORTIA.

Hé bien, Juif, pourquoi balancer? Prends ce qui t'eft dû.

SHYLOCK.

Donnez-moi mon principal & je m'en vais.

BASSANIO.

Le voici tout prêt : tiens.

PORTIA.

Il l'a refufé en préfence de la Cour; on lui rendra juftice, purement & fimplement, d'après la teneur de fon billet.

GRATIANO.

Un Daniel, te dis-je, un fecond Daniel! Je te remercie, Juif, de m'avoir appris ce mot.

SHYLOCK.

Comment! je n'aurai pas même au moins mon principal?

PORTIA.

Tu n'auras que ce qui t'eſt dû, Juif, à tes riſques & périls.

SHYLOCK.

Je laiſſe au Diable le ſoin de vous récompenſer; je ne veux plus reſter à perdre ici mon tems.

PORTIA.

Arrêtez, Juif, la Juſtice a d'autres droits ſur vous. Il eſt porté dans les Loix de Veniſe, que lorſqu'un Etranger aura attenté, par des voies directes ou indirectes, à la vie d'un Citoyen, la moitié de ſes biens demeurera acquiſe à ſon adverſaire, que l'autre moitié entrera dans les coffres de l'Etat; enfin que le Duc ſeul peut lui ſauver la vie & faire grace. Tu te trouves dans le cas. Il eſt notoire, que tu as travaillé directement & indirectement à la perte du défendeur. Ainſi tu as encouru les peines ci-deſſus mentionnées; à genoux donc, & implore la clémence du Duc.

GRATIANO.

Demande qu'il te ſoit permis de te pendre toi-même. Mais comme tes biens appartiennent à la République, tu n'as pas de quoi t'acheter une corde; c'eſt pourquoi tu ſeras pendu aux frais de l'Etat.

LE DUC.

Afin que tu voies la différence de nos ames, je n'attends pas que tu me demandes la vie, pour te l'accorder. Quant à la moitié de tes biens, elle appartient à Antonio ; l'autre moitié est dûe à l'Etat. Mais on se restreindra à une simple amende, si tu te résignes à tout de bonne grace.

PORTIA.

Oui, pour l'Etat, & non pour Antonio.

SHYLOCK.

Prenez aussi ma vie. Ce n'est pas là pardonner : vous m'ôtez ma famille, quand vous m'ôtez la subsistance de ma famille ; vous m'ôtez la vie, quand vous m'ôtez les moyens de la soutenir.

PORTIA.

Que doit-il attendre de votre pitié, Antonio ?

GRATIANO.

Une corde gratis. Rien de plus, au nom de Dieu !

ANTONIO.

Je demanderai au Duc & à la Cour, qu'on lui laisse la moitié de ses biens, sans exiger d'amende.

Je suis satisfait. Il me laissera disposer de l'autre moitié;..... pour la rendre, à sa mort, au jeune homme qui a enlevé sa fille. Et cela sous deux conditions; la première, qu'il se fera Chrétien sur le champ; l'autre, qu'il fera une donation en présence de la Cour, par laquelle tout ce qui lui appartient passera, après sa mort, à sa fille & à son gendre Lorenzo.

LE DUC.

Il y souscrira; sinon je révoque le pardon que j'ai accordé.

PORTIA.

Y consens-tu, Juif? Que réponds-tu?

SHYLOCK.

J'y consens.

PORTIA.

Clerc, dressez un acte de donation.

SHYLOCK.

Je vous en conjure, laissez-moi sortir. Je ne me sens pas bien. Envoyez l'acte chez moi; je le signerai.

LE DUC.

Va-t'en, mais signe.

GRATIANO.

Tu auras deux parreins à ton baptême. Si j'avois été Juge (†), tu en aurois eu dix de plus pour te conduire à la potence, & non pas aux fonts baptismaux. (*Shylock fort.*)

LE DUC à *Portia.*

Monsieur, je vous invite à venir dîner chez moi.

PORTIA.

Je supplie votre Altesse d'excuser mon refus. Il faut que je me rende ce soir à Padoue, & que je parte sur le champ.

LE DUC.

Je suis fâché que le tems vous presse si fort. — Antonio, remerciez cet honnête jeune homme; vous lui avez, à mon gré, de grandes obligations.
(*Le Duc sort avec sa suite.*)

(†) « Tu en aurois eu dix de plus ; c'est-à-dire, une assemblée de douze Jurés pour te condamner à la mort ». — Les Jurés sont en Angleterre des Juges subalternes, qui, après avoir prêté serment entre les mains des Magistrats supérieurs, jugent en dernier ressort dans les seules matières criminelles. Ils sont depuis douze jusqu'à vingt-quatre, & jamais moins de douze.

SCÈNE V.

PORTIA, NÉRISSA, BASSANIO, ANTONIO, GRATIANO.

BASSANIO.

Aimable jeune homme! vous avez arraché aujourd'hui mon ami & moi-même à de cruels tourmens. C'eſt de grand cœur que nous payons vos ſervices, avec les trois mille ducats qui étoient dûs au Juif.

ANTONIO.

Et nous demeurerons toujours vos redevables. Notre attachement & nos ſervices vous ſont dévoués.

PORTIA.

On eſt aſſez payé, quand on eſt ſatisfait; je le ſuis d'avoir réuſſi à vous délivrer; je trouve dans ce plaiſir ma récompenſe. Mon ame ne fut jamais plus mercénaire. Je vous prie ſeulement de me reconnoître, quand il nous arrivera de nous rencontrer. Soyez heureux! Je prends congé de vous.

BASSANIO.

Monsieur, il faut que je vous force à les accepter. Daignez recevoir quelque don de notre reconnoissance pour vous souvenir de nous : recevez-le à titre de tribut & non de salaire. Accordez-moi deux choses, je vous prie ; de ne me pas refuser, & de m'excuser.

PORTIA.

Vous me faites tant d'instances, que j'y céde. Donnez-moi vos gants ; je les porterai en mémoire de vous : & pour marque de votre amitié, je prendrai encore cette bague..... Ne retirez donc pas votre main ; je ne prendrai rien de plus. Votre amitié ne me la refusera pas.

BASSANIO.

Cette bague, Monsieur ! eh ! c'est une bagatelle ; je rougirois de vous faire un si mince présent.

PORTIA.

Je n'exige rien de plus que cette bague : & je me sens une grande envie de l'avoir.

BASSANIO.

Elle porte avec elle un prix bien au-dessus de sa valeur.

valeur. Je vous ferai chercher la plus belle bague de Venise, & je vous l'offrirai : pour celle-ci, je ne le puis ; excusez-moi, de grace.

PORTIA.

Je vois, Monsieur, que vous êtes libéral en offres. Vous m'avez d'abord appris à demander, & maintenant, je le vois, vous m'apprenez comment on doit répondre à celui qui demande.

BASSANIO.

Monsieur, je tiens cette bague de ma femme ; lorsqu'elle la mit à mon doigt, elle me fit jurer de ne jamais ni la vendre, ni la donner, ni la perdre.

PORTIA.

Cette excuse sauve aux hommes bien des présens. A moins que votre femme ne soit en démence, lorsqu'elle saura combien j'ai mérité cette bague, elle ne vous fera pas un crime de me l'avoir donnée. ---Allons, fort bien ; la paix soit avec vous ! (*Elle sort avec Nérissa.*)

ANTONIO.

Seigneur Bassanio, donnez-lui cette bague. Que

ses services & mon amitié balancent l'ordre de votre femme.

BASSANIO.

Allons. Va, Gratiano, tâche de le joindre. Donne-lui la bague, & s'il se peut, engage-le à venir chez Antonio. Cours, dépêche-toi. (*Gratiano sort.*) Rendons-nous-y de ce pas. Demain de grand matin nous volerons à Belmont. Venez, Antonio. (*Ils sortent.*)

SCÈNE VI.

PORTIA & NÉRISSA *rentrent.*

PORTIA.

Demande, où est la maison du Juif: donne-lui cet acte à signer. Nous partirons ce soir, & nous arriverons un jour avant nos maris. — Lorenzo ne sera pas fâché de cette donation.

GRATIANO *revenant.*

Monsieur, soyez le bien retrouvé! Le Seigneur Bassanio, après de plus amples réflexions, vous envoie cette bague, & vous invite à dîner.

PORTIA.

Je ne le puis. Je le remercie de la bague; dites-lui, que je l'accepte. — Enseignez-moi, je vous prie, la demeure du vieux Shylock.

GRATIANO.

Je vais vous l'indiquer.

NÉRISSA.

Monsieur, je voudrois vous dire un mot. (*à Portia.*)

Je veux essayer, si je pourrai r'avoir de mon mari la bague que je lui ai fait jurer de conserver toujours.

PORTIA.

Tu y parviendras, je t'en réponds. — Ils vont nous faire cent protestations qu'ils ont donné leurs bagues à des hommes; mais nous leur en donnerons le démenti en face. Allons, dépêche-toi; tu sais où j'ai affaire.

NÉRISSA à *Gratiano*.

Venez, Monsieur. Voulez-vous nous montrer cette maison ? (*Ils sortent.*)

Fin du quatrième Acte.

ACTE V.

SCÈNE PREMIÈRE.

La Scène est à Belmont, dans un Bocage verd, devant le Château de PORTIA. *Il est nuit.*

LORENZO & JESSICA.

LORENZO.

Que la Lune est brillante! — Ce fut dans une nuit semblable, tandis qu'un vent doux & frais caressoit légèrement les feuillages, sans y exciter le moindre frémissement, que Troïle, si je m'en souviens, escalada les murs de Troye, & adressa ses soupirs vers les tentes des Grecs, où reposoit Cresside.

JESSICA.

Ce fut dans une pareille nuit, que Thisbé, craintive & foulant d'un pied léger la rosée du gazon, apperçut l'ombre d'un lion, avant de le voir lui-même, & s'enfuit éperdue de frayeur.

LORENZO.

Ce fut dans une nuit semblable, que Didon, seule sur le rivage d'une mer en furie, une branche de saule dans la main, rappelloit du geste & de la voix son Amant vers Carthage.

JESSICA.

Ce fut dans une semblable nuit, que Médée cueillit les plantes enchantées, qui rajeunirent le vieux Æson.

LORENZO.

C'est dans une nuit pareille, que Jessica s'est évadée de la maison du riche Juif, & qu'entraînée par son amour sans bornes, elle a couru depuis Venise jusqu'à Belmont.

JESSICA.

Et c'est dans une pareille nuit, que le jeune Lorenzo lui a juré qu'il l'aimoit tendrement, & qu'il a volé au cœur de son Amante mille sermens d'amour, dont aucun n'est sincère.

LORENZO.

Et c'est dans une pareille nuit, que la charmante

& maligne Jessica calomnia son amour ; mais il le lui pardonna.

JESSICA.

Je voudrois passer la nuit entière avec vous, si personne ne venoit ici. — Mais, écoutez... j'entends les pas d'un homme.

SCÈNE II.

Les mêmes.

Entre STÉPHANO, *Domestique de* PORTIA.

LORENZO.

Qui s'avance là d'un pas si précipité dans le silence de la nuit?

LE DOMESTIQUE.

Ami.

LORENZO.

Un ami? Quel ami? Votre nom, je vous prie, l'ami?

LE DOMESTIQUE.

Stéphano est mon nom. Et je viens annoncer, que

ma Maîtresse sera de retour à Belmont avant le point du jour. Elle s'arrête ici aux environs au pied des Croix sacrées (†), où elle se prosterne & prie le Ciel de bénir son mariage & de le rendre heureux.

LORENZO.

Qui vient avec elle?

LE DOMESTIQUE.

Personne, qu'un saint Hermite, & sa suivante. Dites-moi, je vous prie: mon Maître est-il de retour?

LORENZO.

Pas encore; & nous n'en avons pas eu de nouvelles. — Mais entrons, Jessica, je vous prie. Et faisons quelques préparatifs, pour recevoir honorablement la Maîtresse du logis.

(†) Lorsqu'on devoit se marier, on disoit un *Pater Noster* à chaque Croix qu'on rencontroit, pour prévenir tout mauvais présage. *Steevens.*

SCÈNE

SCÈNE III.

Les mêmes.

LANCELOT.

LANCELOT *chantant.*

Sol, la, fol la, ho, ha, fol la, hola, fol la.

LORENZO.

Qui appelle?

LANCELOT.

Sol la. Avez-vous vu M. Lorenzo, & Madame Lorenzo?

LORENZO.

Laisse-là tes cris, homme. Par ici.

LANCELOT.

Sol la. — Où? où?

LORENZO.

Ici.

LANCELOT.

Dites-lui, qu'il vient d'arriver un courier de la

part de mon Maître, son cornet plein de bonnes nouvelles. Mon Maître sera ici avant le matin.

(*Il sort.*)

LORENZO.

Entrons, ma chère, & attendons leur arrivée: & cependant ce n'est pas la peine... Pourquoi entrerions-nous? — Stéphano, mon ami, annonce, je te prie, dans le château, que votre Maîtresse est près d'arriver: & amenez ici les Musiciens en plein air. (*Le Domestique sort.*) Que la clarté de la Lune est douce sur ce gazon! Asséyons-nous-y, & laissons les sons de la musique entrer doucement dans notre oreille. Le calme du silence, & cette nuit si belle & si paisible s'accordent bien avec une douce harmonie. Assieds-toi, Jessica: vois, comme la voûte des Cieux est incrustée de lames d'or brillant. Parmi tous ces globes, que tu vois, il n'y a pas jusqu'au plus petit, dont les mouvemens harmonieux n'aient un charme céleste, & ne s'accordent avec les concerts du chœur des Chérubins, à l'œil plein de jeunesse & de feu. C'est l'image de l'harmonie qui anime les ames immortelles: mais nous ne pouvons l'entendre, tant que notre ame est enclose dans cette grossière enveloppe d'une argile périssable. — Allons, éveillez la chaste Diane (†) par un Hymne agréable ; frappez des plus mélodieux accens l'oreille de votre Maîtresse, & attirez-la vers sa demeure par le charme de la Musique.

JESSICA.

Jamais je ne suis gaie, quand j'entends une Musique douce.

LORENZO.

La raison en est que vos esprits sont fortement attentifs : car voyez seulement un stupide & folâtre troupeau, ou une famille de jeunes étalons, qui n'ont point encore senti la main de l'homme, bondissant avec folie dans la prairie, poussant dans les airs leurs longs hennissemens, qui annoncent la chaleur de leur sang bouillant de jeunesse : si par hasard ils viennent à entendre le son d'une trompette, ou que leurs oreilles soient frappées de quelques accens sonores, vous les verrez aussi-tôt s'arrêter tout court, & leurs yeux farouches prendre un regard plus adouci, par la douce impression de la Musique. Voilà pourquoi les Poëtes ont feint qu'Orphée avec sa lyre attiroit les arbres, les rochers & les fleuves ; parce

---

(†) Diane est ici la Lune, qui dans la Scène suivante est représentée dormant. *Johnson.*

qu'il n'est point dans la nature d'être si brute, si stupide, ou si sauvage, dont la Musique ne change avec le tems le caractère (†) : l'homme qui n'a dans son ame aucune Musique, & qui n'est pas ému de l'harmonie de tendres accords, est capable de trahisons, de stratagêmes & d'injustices : les mouvemens de son ame sont lents & mornes comme la nuit : & ses affections sont noires comme le Tartare : ne vous fiez point à un pareil homme (§). — Ecoutons la Musique.

(†) Le pouvoir enchanteur & les effets de la Musique sont ici fortement exprimés. On ne peut trop en dire sur ce sujet charmant. Le cœur de l'homme est quelquefois trop dur & trop inflexible pour céder à la raison : mais il est dans la mélodie une espèce de sentiment qui s'insinue dans l'ame, & qui en éveillant ses passions douces & tendres, persuade souvent & réussit, où la raison échoue. *Mrs Griffith*.

(§) *Hic niger est: hunc tu, Romane, caveto.* Horace.

SCÈNE IV.

PORTIA, NÉRISSA, *à quelque distance des autres.*

PORTIA.

Cette lumière que nous voyons, brûle dans ma salle. Que ce petit flambeau jette loin ses rayons! C'est ainsi qu'une belle action brille dans un monde corrompu.

NÉRISSA.

Quand la Lune luisoit, nous n'appercevions pas ce flambeau.

PORTIA.

Ainsi une petite gloire est obscurcie par une plus grande. Un Ministre brille autant qu'un Monarque, jusqu'à ce que le Monarque paroisse. Alors son éclat subalterne se perd, comme un ruisseau dans l'immensité des mers.—Ecoute, entends-tu la Musique?

NÉRISSA.

Cette Musique vient de chez vous, Madame.

PORTIA.

Je le vois ; il n'y a rien de bon que par relation.

Il me semble qu'elle est plus douce, plus harmonieuse que pendant le jour.

NÉRISSA.

Madame, c'est le silence qui lui prête ce charme.

PORTIA.

Le corbeau chante aussi bien que l'alouette, pour qui ne fait pas attention à leur voix; & je crois que si le rossignol chantoit pendant le jour au milieu des cris aigus des canards, il passeroit pour un plus mauvais Musicien, que le roitelet. Combien de choses reçoivent leur prix & leur perfection des circonstances! Silence, la Lune dort avec Endimion, & ne voudroit pas être réveillée. (*La Musique cesse.*)

SCÈNE V.

LORENZO, JESSICA, PORTIA, NÉRISSA.

LORENZO.

C'est la voix de Portia, ou je suis bien trompé.

PORTIA.

Il m'a reconnue, comme l'aveugle reconnoît le coucou au son de sa voix désagréable.

LORENZO.

Ma chère Dame, soyez la bien-venue.

PORTIA.

Nous avons prié Dieu pour la santé de nos époux: Nous espérons que nos vœux feront exaucés. Sont-ils de retour?

LORENZO.

Pas encore, Madame; mais il vient d'arriver un Messager pour les annoncer.

PORTIA.

Entrez, Nérissa; recommandez à mes Domestiques

de ne point parler de notre abſence. N'en parlez pas non plus, Lorenzo, ni vous, Jeſſica. (*On entend une fanfare.*)

LORENZO.

Votre mari n'eſt pas loin, j'entends ſa trompette. —Nous ne ſommes pas des rediſeurs, Madame, ne vous méfiez pas de nous.

PORTIA.

Cette nuit me ſemble un jour malade & languiſſant. Elle eſt un peu plus pâle. Tel eſt le jour, lorſque le Soleil eſt caché.

SCÈNE VI & dernière.

BASSANIO, ANTONIO, GRATIANO, & *les Acteurs précédens.*

BASSANIO à *Portia.*

Nous devrions avoir le jour en même-tems que les Antipodes, quand vous vous promenez en l'abſence du Soleil.

PORTIA.

Laiſſez-moi jetter quelque éclat ! Mais non pas devenir

DE VENISE. 177

devenir légère (†) : car femme légère & facile rend son mari dur & fâcheux, & puisse Bassanio n'être jamais tel pour moi : mais que Dieu arrange tout pour le mieux ! Soyez le bien-venu, cher époux.

BASSANIO.

Je vous rends grace, Madame. Recevez mon ami : voilà Antonio, voilà l'homme à qui j'ai tant d'obligations.

PORTIA.

Vous lui devez beaucoup, sans doute, à tous égards; car, à ce que j'apprends, il avoit contracté de grands engagemens pour vous.

ANTONIO.

Et il n'en est pas un, dont il ne se soit bien acquitté avec moi.

PORTIA.

Seigneur, soyez le bien-venu dans notre maison. Je veux vous le prouver autrement que par des paroles ; c'est pourquoi j'abrége les cérémonies.

(†) Le mot *Light*, qui signifie léger, lumière, &c. est un de ceux sur lesquels Shakespeare aime le plus à bâtir des équivoques & des jeux de mots.

Tome XV. Premiére Partie. Z

GRATIANO à *Nériſſa*, *qui lui parloit à part.*

Par cette lune qui brille, je vous protefte que vous me faites injure. En honneur, je l'ai donnée au Clerc de l'Avocat. Mon amour, puifque cela t'affecte fi fort, je voudrois que celui qui la tient, fût Eunuque.

PORTIA.

Une querelle! Comment? déja? De quoi s'agit-il?

GRATIANO.

D'un anneau d'or, d'une méchante bague, qui avoit une devife des plus communes, telle que les Couteliers en metrent fur tous les couteaux (†): *Aimez-moi, & ne m'abandonnez pas.*

NÉRISSA.

Que parlez-vous de devife ou de valeur? Vous m'avez juré, lorfque je vous la donnai, de la garder jufqu'à la mort, & de l'emporter avec vous dans votre tombeau. Quand ce n'eût pas été en ma confidération, au moins par refpect pour vos fermens, vous auriez dû la conferver précieufement. Il l'a donnée,

---

(†) Les couteaux étoient anciennement chargés de courtes fentences en diftiques, gravées à l'eau-forte.

dit-il, au Clerc de l'Avocat! Mais je réponds que ce Clerc n'aura jamais un poil au menton.

GRATIANO.

Il en aura, s'il vit affez, pour devenir homme.

NÉRISSA.

Dites, fi une femme vit affez long-tems pour devenir homme.

GRATIANO.

Par cette main, je vous jure que je l'ai donnée à un jeune adolefcent, de courte & mince ftature, qui n'eft pas plus haut que vous : le Clerc de l'Avocat : un petit jafeur qui me l'a demandée pour fes peines. En confcience je ne pouvois pas la refufer.

PORTIA.

Je vous dirai franchement, que vous êtes blâmable, de vous être défait auffi légèrement du premier cadeau que vous teniez de votre femme. Un don attaché fur votre doigt par des fermens, & fcellé fur votre chair par la foi conjugale! J'ai donné une bague à mon époux, qu'il a juré de garder toujours. Le voilà; je répondrois pour lui qu'il ne l'abandonnera jamais; qu'il ne l'ôteroit pas de fon doigt pour tous les tréfors du monde. En vérité, Gratiano, vous donnez à votre femme un cruel fujet de chagrin. Si pareille chofe m'arrivoit, j'en perdrois la raifon.

BASSANIO *à part.*

J'aurois mieux fait de me couper le doigt : je dirois que ce n'eft qu'en le perdant, que j'ai perdu la bague.

GRATIANO.

Le Seigneur Baffanio a donné fa bague à l'Avocat qui la lui demandoit, & qui, en vérité la méritoit bien. Son jeune Clerc, qui avoit eu la peine de faire quelques écritures, m'a demandé la mienne. Le Maître & le Clerc n'ont rien voulu accepter que nos deux bagues.

PORTIA *vivement.*

Quelle bague avez-vous donnée, Seigneur ? J'efpère que ce n'eft pas celle que vous tenez de moi.

BASSANIO.

Si j'étois capable d'ajouter un menfonge à un crime, je nierois le fait. Mais vous le voyez, mon doigt ne porte plus la bague; je ne l'ai plus.

PORTIA.

Et votre cœur perfide n'a plus de foi. Je jure

devant le Ciel, que je n'entrerai pas dans votre lit, que je ne revoie ma bague.

NÉRISSA à *Gratiano*.

Ni moi dans le vôtre, que je ne revoie la mienne.

BASSANIO.

Chère Portia, si vous saviez à qui j'ai donné la bague; si vous saviez pour qui j'ai donné la bague; si vous pouviez concevoir pour quel service j'ai donné la bague, & avec quelle répugnance, avec quel regret je l'ai abandonnée, lorsqu'on ne vouloit recevoir qu'elle, vous calmeriez votre indignation.

PORTIA.

Si vous eussiez connu le prix de la bague, ou la moitié du prix de celle qui vous l'a donnée, ou combien votre honneur étoit intéressé à conserver la bague, vous n'auriez jamais abandonné la bague. Quel homme assez déraisonnable, s'il vous avoit plu de la défendre avec quelque zèle, & quelques représentations, n'eût pas eu aussi-tôt l'honnêteté de retirer sa demande, & cessé d'exiger une chose qu'on conservoit avec un respect religieux ? Nérissa m'apprend ce que je dois penser. J'en mourrai; c'est quelque femme qui a ma bague.

BASSANIO.

Non, Madame, sur mon honneur, sur ma vie, ce n'est point une femme; c'est un honnête Docteur, qui n'a pas voulu recevoir mes trois mille ducats, & qui m'a demandé la bague. Je la lui ai refusée... J'ai eu la constance de le voir se retirer mécontent, lui qui avoit défendu la vie de mon intime ami. Que vous dirai-je, Madame? Je me suis cru obligé d'envoyer sur ses pas: j'étois accablé de honte & de bienfaits; je ne voulois pas laisser sur mon honneur la tache d'une si noire ingratitude. Pardonnez-moi, chère épouse : j'en prends à témoin ces sacrés flambeaux de la nuit; si vous vous y fussiez trouvée, vous m'auriez sûrement demandé la bague pour la donner au Docteur.

PORTIA.

Que ce Docteur se garde bien d'approcher de ma maison, puisqu'il possède le bijou que je chérissois, & que vous aviez juré de garder pour l'amour de moi: car je deviendrois aussi libérale que vous. Je ne lui refuserois rien de ce qui est en ma puissance; non, ni mes faveurs, ni le lit de mon époux. Je saurai le découvrir, je le garantis; ne vous absentez pas une seule nuit; veillez sur moi comme un Argus; si vous y manquez, si vous me laissez seule, par mon honneur, qui m'appartient encore, je recevrai le Docteur dans ma couche!

NÉRISSA.

Et moi son Clerc; ainsi, prenez bien garde de m'abandonner à moi-même.

GRATIANO.

Fort bien: que je ne l'y trouve pas, ou j'écraserois la plume du jeune Clerc.

ANTONIO.

Je suis le sujet malheureux de ces querelles.

PORTIA.

Ne vous chagrinez pas, Seigneur; vous-êtes le bien-venu, malgré cela.

BASSANIO.

Portia, pardonnez-moi ce tort involontaire, & je jure, en présence de tous mes amis, par vos beaux yeux, où je me vois moi-même....

PORTIA.

Remarquez; il se voit double dans mes deux yeux; un Bassanio dans chacun. — Allons, jurez sur la foi d'un homme *double* (*avec ironie*); ce sera un serment bien propre à inspirer la confiance.

BASSANIO.

Non, mais écoutez-moi. Pardonnez-moi cette faute, & je jure sur mon ame de ne jamais violer aucun de mes sermens avec vous.

ANTONIO à *Portia*.

J'ai exposé une fois ma vie, pour la fortune de mon ami ; j'étois perdu sans le secours de celui qui a la bague : j'engage encore mon ame & ma vie ; & je réponds, que votre époux ne violera jamais sa parole sciemment.

PORTIA.

Vous lui servez donc de caution ? Donnez-lui cette autre bague, & recommandez-lui de la garder mieux que la première.

BASSANIO.

O Ciel ! & c'est la même que j'ai donnée au Docteur.

PORTIA.

Je la tiens de lui. Daignez me pardonner, Bassanio,

Baſſanio, le Docteur a eu mes faveurs pour cette bague.

NÉRISSA.

Excuſez-moi, auſſi, mon cher Gratiano, ce petit Nain mauſſade, le Clerc du Docteur, a couché avec moi pour cette bague.

GRATIANO.

Vraiment; c'eſt comme ſi l'on raccommodoit les grands chemins en été, quand ils n'en ont pas beſoin. Quoi ? ferions-nous déja ... avant de mériter de l'être ?

PORTIA.

Epargnez-nous ces groſſiéretés. Vous-êtes bien étonnés. Prenez cette lettre; liſez-la à votre loiſir. Elle vient de Padoue, de la part de Bellario; vous y apprendrez que Portia étoit le Docteur, & Nériſſa le Clerc. Lorenzo vous atteſtera, que je ſuis partie d'ici preſqu'auſſi-tôt que vous. Je ne ſuis même pas encore rentrée chez moi. — Antonio, vous êtes le bien-venu. J'ai à vous donner de meilleures nouvelles, que vous n'en attendez. Ouvrez cette lettre, vous y verrez que trois de vos vaiſſeaux, richement chargés, viennent d'arriver à bon port. Vous ne

Tome XV. Premiére Partie.   A a

faurez pas par quel étrange événement cette lettre m'eft tombée dans les mains. (*Elle lui donne la lettre.*)

ANTONIO.

Je demeure muet.

BASSANIO.

Vous étiez le Docteur, & je ne vous ai pas reconnue?

GRATIANO.

Vous étiez donc le Clerc qui doit être mon rival?

NÉRISSA.

Oui, mais le Clerc qui ne le tentera jamais, à moins qu'il ne vive affez long-tems pour devenir homme.

BASSANIO.

Aimable Docteur, vous coucherez avec moi. En mon abfence couchez avec ma femme.

ANTONIO.

Madame, vous m'avez rendu la vie & mes biens. Je lis ici, que tous mes vaiffeaux ont fait une route heureufe.

PORTIA.

Lorenzo, mon Clerc a aussi quelque chose de consolant pour vous.

NÉRISSA.

Oui, & je vous le donnerai sans demander de salaire. Je vous remets à vous & à Jessica un acte en bonne forme ; par lequel tous les biens du Juif tombent en votre possession après sa mort.

LORENZO.

Mes belles Dames, vous répandez la manne sur le chemin des gens affamés.

PORTIA.

Il est bientôt jour, & cependant je suis sûre que vous n'êtes pas encore pleinement satisfaits du récit de ces événemens. Entrons, vous nous interrogerez, & nous répondrons fidèlement à toutes vos questions.

GRATIANO.

Volontiers : la première que je vais faire à ma chère Nérissa, c'est de lui demander si elle veut attendre à demain au soir, ou s'aller coucher à présent qu'il n'y a plus que deux heures de nuit. Si le jour étoit venu, je ferois des vœux pour en voir la fin, & me mettre au lit avec le Clerc de l'Avocat. Oui, tant que je vivrai, il n'eſt point de loi que j'obſerve avec plus de ſcrupule, que celle de bien conſerver l'anneau de ma chère Nériſſa.

Fin du cinquième Acte.

REMARQUES
DE M. ESCHEMBURG,
SUR
LE MARCHAND
DE VENISE.

Les reproches si fréquemment faits au Poëte sur l'irrégularité de ses Pièces, attaquent principalement l'indifférence avec laquelle il a négligé ce qu'on nomme *Unités dramatiques*. On n'a peut-être pas, dans toute la poétique, établi tant de principes purement arbitraires, & élevé un si grand échaffaudage de régles, que dans la doctrine des trois Unités, dont on fait un devoir au Poëte dramatique; on sait avec quelle peine Corneille entr'autres proposa longuement ses principes à ce sujet. Il croyoit les avoir puisés dans les modèles & les préceptes des Anciens, & il les a dès-lors établis comme incontestables. On sait encore avec quel scrupule lui & la plupart de ses compatriotes sont restés fidèles à ce dogme poétique. Malgré ces beaux préceptes, on a toujours senti de plus en plus, que deux de ces Unités, celles de tems & de lieu, souffrent très-bien les exceptions, & qu'il y a bien des cas où l'on doit plutôt négliger ces régles, que de leur sacrifier des beautés essentielles. L'exemple des anciens ne doit pas être pour nous une raison d'héfiter un feul inftant, lorfque nous réfléchiffons que l'arrangement de leurs Pièces diffère tant des nôtres. Le chœur fur-tout leur faifoit une néceffité de refferrer la Pièce dans une durée qui n'excédât pas trop le tems de la repréfentation, & de ne point changer le *lieu* où ce chœur étoit affemblé, repréfentant le peuple qui fouvent y participoit. Il n'y a que la troifième efpèce d'Unité, l'Unité d'action, qui ne doit pas être mife au rang des régles méchaniques & arbitraires; c'eft une des plus effentielles du drame, auquel elles font communes avec la plupart des autres fortes de poéfies. Le degré d'intérêt & l'effet dépendent de ce que l'ame du Spectateur s'attache à un objet principal, qu'elle foit occupée d'une aventure particulière, fans être trop partagée ni diftraite.

Shakefpeare a fouvent négligé les deux premières Unités. Dans la Comédie, intitulée *Le Conte d'Hiver*, il franchit tout-à-coup dans l'action un efpace de feize ans; c'eft peut-être la plus grande licence de cette efpèce qu'un Poëte dramatique fe foit jamais permife; elle lui parut à lui-même fi forte, qu'il fut forcé de perfonifier le tems, & de s'excufer de cette inconvenance. Ses Pièces offrent de fréquens exemples de fon changement arbitraire de lieu, qu'il hazarda même lorfque l'éloignement des deux lieux, & l'invraifemblance que les perfonnages de l'action puffent fi rapidement fe féparer l'un de l'autre, auroient dû arrêter un Poëte plus attaché à la régularité. Cependant il eft aifé de le juftifier de l'un & de l'autre défaut; dont au furplus les chefs-d'œuvre de fon génie, dans fes autres fujets, nous dédommagent bien. Mais quand même on pourroit lui reprocher d'avoir négligé l'Unité d'action, le lecteur attentif & impartial trouvera qu'il a fu fi bien fondre dans l'action principale, ce qui paroît être des épifodes, qu'il les a placés en général dans un jour fi clair & prefque égal au fujet principal, qu'on peut lui épargner ces reproches; ou plutôt ce qui nous paroît être un intérêt double & partagé, ne l'eft pas en effet à la repréfentation.

C'eft ce qui me paroît s'appliquer à la Pièce du Marchand de Venife. Les deux actions, la cruauté du Juif envers *Antonio*, & l'amour de Baffanio, font fi heureufement unies dans une feule aventure, qu'elles nous femblent n'être que la même. Le mérite & l'art du Poëte (car Shakefpeare a plus d'art, qu'on ne le croit ordinairement, & ce qui eft glorieux pour lui, c'eft que la plupart de fes appréciateurs prennent cet art pour la fimple nature) font d'autant plus grands, que, felon toute vraifemblance, il s'eft fervi de deux Contes ou Hiftoires différentes, avec lefquelles il a bâti le fonds d'une feule Pièce.

L'Hiftoire de la cruauté du Juif, eft très-ancienne, on la racontoit déja avec des circonftances différentes longtems avant Shakefpeare. On a en Anglais une ancienne Ballade, qui fe trouve dans les *Relics of ancient english Poetry*, vol. 1. p. 296. Voici le fens de quelques couplets.

LE MARCHAND

CHANSON NOUVELLE,

Repréſentant la cruauté du Juif Gernuti *, qui prêta cent couronnes à un Marchand, & qui lui demanda une livre de ſa chair, parce qu'il ne put le payer au jour fixé.*

A Veniſe vivoit n'a guètes
Un cruel Juif,
Qui ſe nourriſſoit d'uſure.

Ce Juif s'appelloit *Gernuti* ;
Il penſoit ne jamais mourir,
Il ne fit jamais de bien
Ni l'aumône à ſa porte.

Sa vie reſſembloit à celle d'un porc ;
Qui vit pluſieurs années,
Qui ne fait de bien à perſonne
Que quand on le tue.

Sa vie eſt comme le fumier ;
Etendu dans la foſſe,
Qui ne fait jamais de bien
Que quand il eſt répandu.

Il en eſt ainſi de l'uſurier
Il ne dort pas en repos,
Dans la crainte des voleurs ;
Qui peuvent le ſurprendre la nuit.

Son cœur ſonge nuit & jour
Comment il attrapera le pauvre ;
Sa bouche eſt pleine d'or,
Cependant il baille toujours pour en avoir, &c.

On ne peut fixer avec certitude l'ancienneté de cette Ballade ; il reſte douteux, ſi elle a été écrite avant ou après la Pièce de Shakeſpeare. Sept ans auparavant un Anglais publia dans un petit ouvrage ſéparé, cette Hiſtoire ; il eſt aſſez probable que le Poëte s'eſt ſervi de la traduction, ou de l'imitation en Anglais ; du moins elle contient pluſieurs petits détails, qui s'accordent avec ceux de la Pièce. Cette Hiſtoire eſt de *Giovani Fiorentino*, & ſe trouve dans ſon *Pecorone*, écrit l'an 1378, & imprimé en 1544. Voici un extrait des circonſtances principales.

Il y avoit à Florence un riche Marchand, nommé *Bindo*,

Bindo, qui avoit trois fils. Se sentant près de sa fin, il établit les deux aînés ses héritiers; il ne laissa rien au plus jeune, qui se nommoit *Giannetto*, mais il l'adressa à son compère *Ansaldo* à Venise. Celui-ci le reçut avec joie dans sa maison, & le traita comme un de ses enfans. *Giannetto* répondoit en tout à ses bontés. Deux de ses amis voulant aller avec deux vaisseaux à Alexandrie, lui persuadèrent de les accompagner. *Ansaldo* se prêta à son désir, & lui donna un vaisseau bien équippé. Dans ce voyage *Giannetto* découvrit un matin une très-belle rade avec un très-beau port; il en demanda le nom auprès du Capitaine du vaisseau. Celui-ci lui dit : que cette côte appartenoit à une Dame veuve, qui avoit déja ruiné plusieurs jeunes gens. Elle est belle, ajouta-t-il, mais elle s'est fait une bizarre loi de forcer quiconque va chez elle, à partager son lit : elle lui promet, s'il peut jouir de ses faveurs, de le prendre pour époux, & de le rendre Maître de tout le pays; mais s'il n'y réussit pas, il est forcé de perdre tout ce qu'il a apporté avec lui. Ce récit excita la curiosité de *Giannetto*, qui entra dans le port.

La Dame le reçut avec beaucoup de distinction ; & avant qu'il allât se mettre au lit, elle lui fit présenter du vin & des confitures, qui le plongèrent aussi-tôt dans un profond sommeil, dont il ne se réveilla que très-tard le lendemain. A son réveil il apprit qu'il avoit perdu & son vaisseau & tout ce qui étoit dessus. La Dame lui fit donner de l'argent & un cheval ; & il s'en retourna consterné à Venise. Pendant la nuit il alla tout honteux trouver un de ses amis, & lui dit qu'il avoit fait naufrage sur les

Tome XV. Premiére Partie.   B b

côtes. *Anſaldo* fut informé de ſon retour & de ſon malheur, le reçut avec bonté, & le félicita d'avoir au moins pu ſauver ſa vie.

Giannetto ne fut pas plus ſage l'année ſuivante : il ſongea à un ſecond voyage ; il vouloit revoir cette Dame, & l'épouſer ou mourir. *Anſaldo* lui donna un ſecond vaiſſeau plus riche que le premier. Notre jeune aventurier entra une ſeconde fois dans le fort de *Bellemonte*. La Dame lui fit toutes ſortes de careſſes, & le jour ſe paſſa dans les fêtes. Le ſoir venu, on lui offrit encore des rafraîchiſſemens, qui l'aſſoupirent comme les premiers. Le lendemain il ſe leva trop tard, & dépouillé de tout ce qu'il avoit, on lui donna de même un cheval & de l'argent pour s'en retourner à Veniſe. *Anſaldo*, malgré ce ſecond revers, le reçut encore avec bonté dans ſa maiſon.

Giannetto n'étoit point guéri par cette ſeconde expérience, dont il ſe gardoit le ſecret. Il perſiſta à vouloir entreprendre un troiſième voyage, afin, diſoit-il, de réparer la perte des deux premiers. *Anſaldo* vendit tout ce qu'il poſſédoit, pour lui équiper un beau vaiſſeau neuf, fourni d'une riche cargaiſon ; & comme il lui manquoit encore dix mille ducats, il s'adreſſa à un Juif, qui les lui prêta, à condition que s'il ne les payoit pas à la S. Jean, le Juif lui couperoit, ſur quelle partie de ſon corps il voudroit, une livre de ſa chair. *Anſaldo* en fit ſon billet en forme, & il pria *Giannetto* avant ſon départ, s'il avoit encore le malheur de faire naufrage, de revenir tout de ſuite à Veniſe, afin qu'il eût le plaiſir de le voir encore une fois avant de mourir; car il connoiſſoit la cruauté du Juif.

Giannetto arrive à *Bellemonte*; tout s'y paſſe comme auparavant. Il fut accueilli avec joie, & l'on donna en ſon honneur un tournoi, où il acquit beaucoup de gloire. Comme il alloit ſe coucher, une des femmes de chambre lui gliſſa à l'oreille quelques mots, & l'avertit de faire ſemblant de boire le vin, ſans en avaler une goutte. *Giannetto* n'y manqua pas, & fit couler le verre de vin dans ſon ſein; enſuite il ſe met au lit, & fait ſemblant de dormir. La Dame ſe couche auprès de lui, perſuadée qu'elle le tenoit encore dans ſes filets. Mais *Giannetto* ſe réveille de ſon ſommeil ſimulé, & jouit de l'objet de tous ſes vœux. Le lendemain il fut fait Chevalier & Seigneur de tout le pays, & épouſa la Dame. Dans l'ivreſſe de ſa fortune il oublia le pauvre *Anſaldo*. Cependant un jour qu'il étoit à une fenêtre avec ſon épouſe, il vit paſſer une troupe de gens avec des torches allumées. On lui dit que c'étoit la proceſſion de la S. Jean; à ce nom il ſe rappella tout-à-coup ſon bienfaiteur, & tomba dans la plus profonde mélancolie: ſa femme le preſſa de lui en expliquer la cauſe. Alors il lui raconta tout ce qui s'étoit paſſé. Elle lui conſeilla de monter vîte à cheval, de prendre le plus court chemin par terre, quelques valets, & cent mille ducats, & d'amener à *Bellemonte Anſaldo*, s'il vivoit encore.

Cependant le Juif avoit déja fait citer ſon débiteur devant la Juſtice, & perſiſtoit à exiger une livre de ſa chair. *Anſaldo* ne lui demanda que quelques jours de répit, & la confolation de revoir encore une fois fon cher *Giannetto* : le Juif lui accorda ce délai. Les amis d'*Anfaldo* s'offrirent à payer la dette ; mais le Juif fut inexorable. *Giannetto* faifoit la plus grande diligence; fa femme le fuivoit à fon infçu, traveftie en Avocat, & accompagnée de deux valets. Le Juif fut fourd aux offres de *Giannetto*, qui lui préfentoit cent mille ducats. Cependant la Dame arriva à Venife, fe fit paffer pour un Avocat de Bologne, & fut bientôt entourée d'une multitude de curieux. *Giannetto* & le Juif s'adreffèrent auffi à lui, & lui expofèrent leur affaire. D'abord elle voulut perfuader au Juif d'accepter les cent mille ducats; mais ce fut en vain. Elle lui permit donc de prendre une livre de chair, mais ni plus ni moins qu'une livre, & fans répandre une feule goutte de fang. Le Juif alors revint aux cent mille ducats qu'on lui avoit offerts, & même il en vint jufqu'à fe contenter des dix mille qu'il avoit prêtés; mais on ne voulut lui rien donner, & *Anfaldo* fut remis en liberté. *Giannetto* offrit au Juge fuppofé une fomme confidérable pour lui marquer fa reconnoiffance. Le Juge la refufa, & ne demanda que l'anneau qu'il avoit apperçu au doigt de *Giannetto*, qui le lui donna après quelque réfiftance. Sa femme arriva à *Bellemonte*, avant *Giannetto*, qui s'y rendit enfuite avec *Anfaldo*. Elle feignit d'être jaloufe & très-irritée contre lui, en voyant qu'il n'avoit plus l'anneau. *Giannetto* lui jure qu'il en a fait préfent à l'Avocat d'*Anfaldo*, & elle lui foutient avec la même affurance qu'il l'a donné à une femme. Enfin les larmes de fon mari l'engagèrent à lui découvrir toute la fupercherie.

Son amour s'augmenta encore de sa reconnoissance. La femme de chambre qui l'avoit averti de ne pas avaler le verre de vin, fut donnée en mariage à *Ansaldo*; & les deux couples passèrent le reste de leur vie dans la joie & le bonheur.

Cette Histoire, plus ancienne que la *Ballade*, se trouvoit déja dans un Livre imprimé auparavant, qui a pour titre: *Gesta Romanorum cum applicationibus moralisatis & mysticis.* (*) Voici l'abrégé de cette autre Histoire.

Lucius, puissant Empereur de Rome, avoit une belle fille, qui lui étoit très-chère. Il y avoit alors à sa Cour un Chevalier, dont le cœur étoit dévoué à cette Belle. Un jour qu'il la trouva seule assise auprès d'une fenêtre, il lui dit : « noble pucelle, j'ai long-tems fait mal à mon corps, par amour pour vous. Vous n'avez pas voulu penser à tout cela; je vous prie de me dire, ce qu'il faut que je fasse pour que vous me permettiez de passer une nuit auprès de vous. » La pucelle lui demanda mille marcs: le Chevalier lui apporta l'argent. La pucelle le mène secrettement dans sa chambre, & lui dit de se coucher, & aussi-tôt qu'il fut dans le lit, il s'endormit, & dormit toute la nuit. Le lendemain matin la Demoiselle se lève & l'éveille, le Chevalier est confondu d'avoir tant dormi, & prie la pucelle de se remettre auprès de lui. Elle ne veut pas y consentir; il la presse de lui accorder l'autre nuit, & lui offre encore mille marcs. La nuit venue il se

---

(*) Ce sujet fut mis aussi sur l'ancien Théâtre Allemand, sous le titre du *Carnaval de Venise*.

met au lit, & s'endort encore comme la veille: le lendemain même réveil & nouvelle surprise: il se plaint de l'aventure & la supplie de se remettre auprès de lui; elle le refuse avec courroux. Voyant que ses prières ne servoient à rien, il convient avec elle de lui donner mille ducats. La troisième nuit il la quitte tristement, & va trouver un Marchand, qu'il prie de lui prêter mille marcs sur tout son avoir. Le Marchand n'en voulut rien faire, mais il lui proposa une condition: c'étoit que, si dans trois jours il ne pouvoit lui rendre les mille marcs, il s'engageât à se laisser couper une livre de chair de son corps, & de lui en faire son billet signé de son sang. Le Chevalier accepta la proposition, lui donna le billet, & le Marchand lui livre l'argent. Le Chevalier muni du sac, va droit à la Cour chez sa pucelle. En chemin il rencontra un Philosophe, qui lui dit: Je suis surpris que vous soyez assez simple pour vous laisser tromper deux fois par le sommeil. Le Chevalier lui demanda ce qu'il vouloit dire par là; le Philosophe lui dit: « la pucelle auprès de laquelle vous avez couché, a une lettre dans son lit qui vous endort toutes les nuits, & vous vous en retournez comme vous êtes venu. Je vous conseille, si vous ne voulez pas périr, de chercher, quand vous serez au lit, sous le chevet, vous y trouverez une lettre, prenez-la & jettez-la loin de vous, couchez-vous ensuite, & faites semblant de dormir, la pucelle se couchera auprès de vous, & vous verrez la suite. Le Chevalier remercia son bienfaiteur, alla trouver la Demoiselle, & lui donna l'argent. Elle l'envoie aussi-tôt dans sa chambre;

il se couche, & n'oublie pas la leçon du Philosophe. La pucelle croyant qu'il dormoit, se couche auprès de lui; alors il la saisit, & dit en la pressant dans ses bras : Mademoiselle, je ne perdrai pas tout mon argent sans fruit. La pucelle effrayée, le prie en fondant en larmes, de reprendre tous ses florins, & de l'épargner. Le Chevalier, sans l'écouter, profita de sa victoire. La Demoiselle changea ensuite de sentiment, elle lui donna sa main & sa tendresse, & le tint toute une semaine enfermé secrettement dans sa chambre. L'heureux Amant oublia dans les plaisirs la promesse qu'il avoit faite au Marchand : au premier souvenir il fut saisi d'effroi & se mit à pleurer; sa femme lui demanda ce qui lui étoit arrivé : il lui dit comment il s'étoit engagé avec le Marchand, & qu'il avoit oublié le jour fatal. Sa femme le consola, & lui dit : va le trouver & double la somme; s'il ne veut pas l'accepter, demande-lui ce qu'il veut de toi, & reviens me trouver, je te le donnerai. Le Chevalier va chez le Marchand, & le prie de recevoir son argent; le Marchand n'en voulut point, disant qu'il s'en tenoit à son billet, & le mena sur le champ chez le Juge. La Loi vouloit, que quiconque s'étoit engagé librement, remplît ponctuellement sa promesse. Cependant sa femme avoit envoyé un Messager, avec ordre de lui apprendre ce qu'étoit devenu son mari. Le Courier revint lui dire qu'il étoit prisonnier chez le Juge. Consternée à cette nouvelle, elle monte à cheval, & court chez le Juge, de-là chez le Marchand, à qui elle demande s'il vouloit reprendre sa somme, & dégager la promesse du Chevalier. Le Marchand la refusa.

La femme voyant que rien ne pouvoit le fléchir, lui dit: puisque le Chevalier s'est lié de cette sorte avec vous, il faut qu'il remplisse son engagement. Vous savez bien que la Loi porte : que quiconque verse le sang d'un homme, doit répandre le sien ; le Chevalier s'est engagé, s'il manquoit de payer au jour fixé, à se laisser couper la livre de chair. Il est tout prêt : mais fais en sorte que tu ne répandes pas une goutte de sang; si tu en répands, tu lui dois le tien. Le Marchand sentit toute la force de cette réflexion; il auroit volontiers reçu son argent : mais elle lui dit qu'il n'étoit plus tems. Tous jugèrent que le Marchand ne pouvoit couper la chair sans répandre du sang, ainsi le Chevalier fut absous. La fin de l'Histoire ressemble à ce qu'on a déja lu, excepté qu'il n'y est pas question d'anneau donné.

Dans la Pièce, la situation du Marchand est sans contredit beaucoup plus intéressante, par la raison qu'il n'emprunte point l'argent pour lui-même, mais pour son ami ; circonstance dont le Poëte a tiré tant d'avantage, & qui rend le caractère d'Antonio si noble & si aimable, & fait de cette Pièce une sublime leçon d'amitié.

Peut-être est-ce un événement véritable qui a donné lieu à cette Histoire; mais ce ne fut certainement pas celui que *Grégoire Leti* raconte dans la vie du Pape Sixte-Quint, parce que le tems où ce fait arriva, est bien postérieur à la publication de la même Histoire, en 1565. Voici le passage de *Leti* :

« On reçut à Rome la nouvelle que Saint-Domingue,
» dans l'isle d'Hispaniola, avoit été prise & pillée par
Drake,

» *Drake*, qui y avoit fait un butin immenfe. Cette
» nouvelle vint dans une lettre particulière à *Paul*
» *Secchi*, fameux Marchand de Rome, qui avoit envoyé
» dans ces contrées beaucoup de biens & d'affurances ».
Dès qu'il apprit cette nouvelle, il envoya chercher l'af-
fureur *Samfon Ceneda*, Juif, & lui en fit part. Ce Juif
qui fouhaitoit que cette nouvelle fût fauffe, allégua
différentes raifons pour prouver que la chofe n'étoit
pas poffible; enfin emporté par une violence qu'il ne
put contenir, je gage, dit-il, une livre de ma chair,
que c'eft un menfonge. *Secchi* qui étoit très-vif, lui ré-
pondit: je gage cent couronnes contre une livre de
votre chair, que la nouvelle eft vraie. Le Juif accepta
la gageure, & fur le champ il fut fait entre eux un
contrat par écrit. La nouvelle ne tarda pas à être confirmée, & le Juif fut confterné, en apprenant que *Secchi*
avoit fait un ferment folemnel, de faire exécuter le
contrat à la lettre. L'affaire parvint jufqu'aux oreilles
du Pape, qui fit venir les deux Parties devant lui, exa-
mina les circonftances, & dit: « quand on a contracté des
engagemens, il eft jufte qu'ils foient remplis dans toute
leur étendue. Prends donc un couteau, *Secchi*, & coupe
une livre de chair où tu voudras fur le corps du Juif.
Cependant nous te confeillons de prendre bien tes
dimenfions; car fi tu en coupes un fcrupule de plus ou
de moins qu'il ne t'appartient, tu es un homme mort.
Sixte V finit par condamner les deux Parties aux Galères,
avec la faculté de s'en racheter, en payant deux mille

écus chacun; difant qu'ils méritoient la mort, pour crime, l'un d'homicide volontaire, & l'autre d'homicide prémédité. »

Difons encore un mot du fecond fujet que Shakefpeare a fi adroitement fondu avec l'autre dans cette Comédie, j'entends l'Hiftoire *des trois Caffettes*, dont on laiffe le choix aux Amans de *Portia*. L'Anonyme qui donna l'Hiftoire de *Pecorone*, traduite en Anglais, y en ajouta une autre tirée du *Décameron de Bocace*, & qu'il croyoit avoir donné au Poëte l'idée de ce fecond fujet. En voici l'abrégé.

Ruggieri Figiovanni, qui s'étoit arrêté quelque tems à la Cour d'Alfonfe, Roi d'Efpagne, fut mécontent de voir que tout le monde, excepté lui, avoit reçu du Roi des préfens & des récompenfes, & prit le parti de quitter cette Cour ingrate pour lui feul. Le Roi informé de fon mécontentement, lui dit, que ce n'étoit pas de lui, mais du deftin qu'il devoit fe plaindre. Et pour l'en convaincre, il le mena dans une falle où il avoit fait mettre deux grandes caiffes fermées. Dans l'une étoient fa couronne, fon fceptre & fes bijoux, & l'autre étoit pleine de terre. Vous n'avez qu'à choifir, lui dit-il, laquelle vous voudrez. Ruggieri en choifit une, qui fe trouva être celle qui étoit remplie de terre. Alfonfe lui répéta fa remarque, que le deftin étoit la caufe de fon mécontentement; cependant il lui fit préfent des bijoux qui étoient dans l'autre caiffe.

Cette Hiftoire n'a qu'une reffemblance bien éloignée

avec la Scène des trois Caſſettes de Shakeſpeare : il eſt probable que le Poëte a puiſé dans une autre ſource. On cite une autre Hiſtoire, tirée encore du *Geſta Romanorum*, Livre qui étoit en vogue il y a cinq cent ans. En voici la ſubſtance.

« Un Roi de la Pouille envoie ſa fille à Rome, pour épouſer le fils de l'Empereur. Après quelques aventures, elle eſt préſentée à l'Empereur, qui lui dit : « Jeune pucelle, vous avez déja ſoutenu bien des épreuves pour l'amour de mon fils : je vais ſavoir ſi vous êtes digne de devenir ſon épouſe ». Et il fit faire trois vaſes : le premier d'or pur, & incruſté en dehors de pierres précieuſes, mais au dedans rempli d'os de morts : avec cette inſcription deſſus : *Qui me choiſira, trouvera en moi ce qu'il a mérité* : le ſecond d'argent pur & enrichi également de diamans, avec cette inſcription : *Qui me choiſira, trouvera ce que la nature déſire* : ce vaſe étoit plein de terre. Le troiſième étoit de plomb, & rempli des plus riches joyaux : avec cette inſcription : *Qui me choiſira, trouvera ce que Dieu a diſpoſé*. L'Empereur montra les trois vaſes à la Princeſſe, en lui diſant ſi vous choiſiſſez celui qui renferme ce qu'il y a de plus utile, vous épouſerez mon fils : ſinon, vous ne l'aurez pas. La Princeſſe choiſit le vaſe de plomb, qui contenoit les pierres précieuſes. L'Empereur lui dit, *Bona Puella, bene elegiſti. — Ideo filium meum habebis* : Bonne Pucelle, vous avez bien choiſi ; ainſi vous aurez mon fils ».

Le Marchand de Veniſe eſt toujours reſté au Théâtre

Anglais. Et cette Pièce le mérite par le grand nombre de beautés qu'elle renferme, & par sa composition, qui offre moins d'irrégularités & de longueurs, que plusieurs autres.

Fin de la première Partie du Tome XV.

SHAKESPEARE.

TOME QUINZIÉME.

PERSONNAGES.

THÉSÉE, *Duc d'Athènes.*
ÉGÉE, *père d'Hermia.*
LYSANDRE, *amoureux d'Hermia.*
DEMETRIUS, *autre amant d'Hermia.*
PHILOSTRATE, *Intendant des plaisirs de Théſée.*
QUINCE, *Charpentier.*
SNUG, *Menuiſier.*
BOTTOM, *Tiſſerand.*
FLUTE, *Raccommodeur de ſoufflets.*
SNOUT, *Chaudronnier.*
STARVELING, *Tailleur.*
HYPPOLITE, *Reine des Amazones, fiancée à Théſée.*
HERMIA, *fille d'Égée, amante de Lyſandre.*
HÉLENE, *amante de Demetrius.*

PERSONNAGES DE FÉERIE.

OBERON, *Roi des Fées.*
TITANIA, *Reine des Fées.*
PUCK, *ou* ROBIN GOOD FELLOW, *lutin.*
FLEUR DE POIS,
TOILE D'ARAIGNÉE, } *Fées.*
MITE,
GRAINE DE MOUTARDE,

CARACTERES DE L'INTERMEDE, *exécuté par des Artiſans.*

PYRAME.
THISBÉ.
LA MURAILLE.
LE CLAIR DE LUNE.
LE LION.

Troupe d'autres FÉES *à la ſuite de leur Roi & de leur Reine.*
Autre ſuite de Théſée & d'Hyppolite.

La Scène eſt à Athènes, près d'un Bois voiſin.

LE SONGE

LE SONGE
D'UNE NUIT
DU MILIEU DE L'ÉTÉ,
COMÉDIE.

ACTE PREMIER.

SCÈNE PREMIERE.

La Scène repréfente le Palais de THÉSÉE, dans Athènes.

THÉSÉE, HYPPOLITE, PHILOSTRATE, *fuite.*

THÉSÉE.

Belle Hyppolite, l'heure de notre hymen s'avance à grands pas : quatre jours fortunés amene-ront une lune nouvelle; mais, que l'ancienne me semble lente à décroître ! Elle retarde l'objet de mes défirs, comme une marâtre, ou une douairiere éternelle, qui va confumant le revenu du jeune héritier.

HYPPOLITE.

Quatre jours fe feront bientôt engloutis dans les nuits, & quatre nuits auront bientôt fait écouler le tems comme un fonge ; & alors, la lune, comme un nouvel arc d'argent tendu dans les Cieux, éclairera la nuit & la fête de nos nôces.

THÉSÉE.

Allez, Philoftrate ; invitez la jeuneffe Athénienne aux divertiffemens; réveillez les efprits vifs & légers de la joie : renvoyez aux funérailles la mélancolie : cette pâle & trifte compagne n'eft pas faite pour être de notre fête. (*Philoftrate fort*) Hyppolite, c'eft avec mon épée (§) que je vous ai fait la cour,

---

(§) Allufion à la victoire de Théfée fur les Amazones. Il emmena captive Hyppolite, que d'autres nomment Antiope.

Théfée, après la mort de fon pere Égée, fut Roi d'Athènes ; mais bientôt il en fit une République, qu'il divifa en trois claffes diftinctes : les Nobles, les Bourgeois, & les Artifans. Plutarque obferve, d'après Ariftote, que Théfée fut le premier, qui, par prédilection pour le gouvernement populaire,

COMEDIE.

& c'est en vous faisant des outrages, que j'ai gagné votre amour : mais je vous épouserai sous de plus doux auspices ; & nos nôces seront célébrées dans la pompe, dans les triomphes, & dans l'allégresse.

SCÈNE II.

Les mêmes.

ÉGÉE, HERMIA, LYSANDRE, & DEMETRIUS.

ÉGÉE.

Salut & prospérité au noble Thésée, notre illustre Duc !

THÉSÉE.

Je vous rends graces, bon Egée : quelles nouvelles nous annoncez-vous ?

---

se désista du pouvoir Royal ; ce qu'Homere, dit-il, paroît attester dans son dénombrement des vaisseaux, où il ne donne le nom de *peuple* qu'aux seuls Athéniens.

GRAY.

LE SONGE D'ÉTÉ,

ÉGÉE.

Je viens, le cœur plein d'angoisses, me plaindre de mon enfant, de ma fille Hermia. — Paroissez, Demetrius. — Mon noble Prince, ce jeune-homme a mon consentement pour l'épouser. — Avancez, Lysandre. Et celui-ci, mon gracieux Duc, a ensorcelé le cœur de mon enfant. C'est toi ; oui, c'est toi, Lysandre, qui lui as donné des rimes funestes, & qui as échangé avec ma fille des gages d'amour. Tu as, à la clarté de la lune, chanté sous sa fenêtre, avec une voix perfide, des vers d'un amour trompeur : tu as surpris & séduit son imagination avec des bracelets tissus de tes cheveux, avec des bagues, des bagatelles frivoles, des hochets, des colifichets, des bouquets, des friandises, messagers d'un ascendant dangereux sur la tendre jeunesse ! Tu as banni la sagesse du cœur de ma fille, & changé l'obéissance, qu'elle doit à son pere, en témérité rebelle. Et, mon noble Duc, supposé qu'elle ose refuser ici devant votre Altesse, de consentir à épouser Demetrius ; je réclame l'ancien privilége d'Athènes. Comme elle est à moi, je puis disposer d'elle ; & j'entends qu'elle épouse, ou ce Cavalier, ou la mort ; en vertu de notre loi (†), qui a prévu expressément ce cas.

(†) Par une loi de Solon, les peres exerçoient un pouvoir.

COMEDIE.

THÉSÉE.

Que répondez-vous, Hermia? Jeune beauté, faites vos réflexions. Votre pere devroit être un Dieu pour vous (§) : c'est lui qui a donné l'être & la forme à tous vos attraits : vous n'êtes devant lui qu'une image de cire, qui a reçu de lui son empreinte; & il est en sa puissance de laisser subsister la figure, ou de l'anéantir. — Demetrius est un aimable & digne Cavalier.

---

absolu de vie & de mort sur leurs enfans. WARBURTON.

(§) Le devoir de la piété filiale est ici poussée jusqu'au dernier dégré, & ne l'est pas trop loin ; il ne peut même, pour ainsi dire, y avoir d'excès dans cette vertu. Il y a quelque chose de si tendre & de si passionné dans l'idée & la pratique de l'obéissance & de la déférence des enfans envers leurs peres & meres, qu'il faut que le tronc soit bien gâté & bien corrompu, s'il ne produit pas ce fruit naturel. Cependant, il est des bornes à l'autorité paternelle. Égée l'exerce ici par pur caprice sur le choix d'un mari pour sa fille. Ces exigeances contre la raison & l'inclination, renouvellent le sacrifice d'Abraham, blâmé par Dieu même, & l'on ne peut reprocher ici à Hermia sa courageuse résolution de fuir Athènes & son tyran. Que de malheurs produits par le despotisme des peres & meres dans l'union des époux! C'est une morale commune, mais qu'on ne sauroit trop répéter, pour prévenir ces espèces d'infanticides

Mrs GRIFFITH.

HERMIA.

Tel est Lysandre.

THÉSÉE.

Oui, il est par lui-même plein de mérite ; mais faute d'avoir de son côté la voix & l'agrément de votre pere, c'est l'autre qui doit avoir la préférence à vos yeux.

HERMIA.

Je voudrois que mon pere voulût le voir avec les miens.

THÉSÉE.

C'est plutôt à vos yeux de voir avec le jugement de votre pere.

HERMIA.

Je supplie votre Altesse de me pardonner. Je ne sai pas par quelle force secrette je suis enhardie, ni à quel point ma pudeur peut être compromise, en déclarant ici mes vrais sentimens devant une si auguste assemblée. Mais je conjure votre Altesse de me faire connoître ce qui peut m'arriver de plus funeste, dans le cas où je refuserois d'épouser Demetrius.

THÉSÉE.

C'eſt, ou de ſubir la mort, ou de renoncer pour jamais à la ſociété des hommes. Ainſi, belle Hermia, interrogez votre cœur ; fondez votre jeune ame ; examinez bien vos penchans, & voyez ſi, dans le cas où vous refuſeriez de céder à la voix de votre pere, vous vous ſentez capable de ſoutenir la livrée des Veſtales, d'être pour jamais enfermée dans l'ombre d'une ſolitude, pour y vivre en ſœur ſtérile toute votre vie, chantant d'inſipides hymnes à l'inſenſible & froide Diane. Heureuſes, celles qui peuvent maîtriſer aſſez leur ſang, pour ſoutenir ce ſolitaire pélerinage : mais plus heureuſe eſt ſur la terre la roſe cueillie, que celle qui, ſe flétriſſant ſur ſon épine Vierge, croît, vit, & meurt iſolée dans un triſte & froid bonheur !

HERMIA.

Je veux croître, vivre & mourir comme elle, mon Prince, plutôt que de céder ma virginité à l'empire d'un homme, dont il me répugne de porter le joug, & dont mon cœur ne conſent point à reconnoître la ſouveraineté.

THÉSÉE.

Prenez du tems pour réfléchir ; & à la prochaine

nouvelle lune, jour fixé entre ma bien-aimée & moi, pour m'enchaîner à jamais à la société d'une compagne, ce jour-là même, ou préparez-vous à mourir, pour votre désobéissance à la volonté de votre pere ; ou bien à épouser Demetrius, comme il le désire ; ou enfin à prononcer, sur l'autel de Diane, le vœu qui vous dévoue à une vie auſtère, & à une solitude éternelle.

DEMETRIUS.

Fléchiſſez, tendre Hermia. — Et vous, Lyſandre, cèdez votre titre impuiſſant à mes droits certains.

LYSANDRE.

Demetrius, vous avez l'amour de ſon pere : épouſez-le ; mais, laiſſez-moi l'amour d'Hermia.

ÉGÉE.

Dédaigneux Lyſandre ! Il eſt vrai, il a mon amour ; & mon amour lui fera don de tout ce qui m'appartient : elle eſt mon bien, & je tranſmets tous mes droits ſur elle à Demetrius.

LYSANDRE.

Mon Prince, je ſuis d'une naiſſance auſſi honorable que la ſienne ; ma fortune vaut ſa fortune, &

mon

mon amour est plus grand que le sien : mes biens sont par-tout dans un aussi bel ordre, si même ils n'ont pas en ce point l'avantage, que ceux de Demetrius; & ce qui est au-dessus de tous ces avantages, je suis aimé de la belle Hermia. Pourquoi donc ne poursuivrois-je pas mes droits? Demetrius, je le prouverai aux dépens de sa tête, a fait l'amour à la fille de Nédar, à Hélene, & il a séduit son cœur; & elle, la pauvre infortunée, est éprise d'une passion extrême, & adore, jusqu'à l'idolâtrie, cet homme inconstant & pervers.

THÉSÉE.

Je dois convenir, que ce bruit est venu jusqu'à moi, & que j'étois dans l'intention d'en parler à Demetrius. Surchargé de mes affaires personnelles, cette idée s'est échappée de mon esprit. — Mais, venez, Demetrius; & vous aussi, Égée : vous allez me suivre. J'ai quelques instructions particulieres à vous donner. — Quant à vous, belle Hermia, voyez à faire un effort sur vous-même, pour plier vos penchans à la volonté de votre pere; autrement, la loi d'Athènes, que nous ne pouvons adoucir par aucun moyen, vous force de choisir entre la mort & la vie solitaire. — Venez, ma chere Hyppolite. Comment se trouve votre cœur, ma bien-aimée? —— Demetrius, & vous, Égée, suivez-nous. J'ai à vous charger de quelque emploi relatif à notre mariage; & aussi à conférer avec vous sur un sujet, qui vous intéresse vous-mêmes personnellement.

EGÉE.

Nous vous suivons, Prince, avec respect & plaisir.

(THÉSÉE & HYPPOLITE *sortent avec leur suite*; DEMETRIUS & ÉGÉE *les accompagnent.*)

COMEDIE.

SCÈNE III.

LYSANDRE & HERMIA *font restés seuls.*

LYSANDRE.

Qu'avez-vous donc, ma chère ? Pourquoi cette pâleur sur vos joues ? Quelle cause en a donc si vîte flêtri les roses vermeilles ?

HERMIA.

Apparemment, le défaut de rosée, qu'il me seroit aisé de leur prodiguer de mes yeux gonflés de larmes.

LYSANDRE.

Hélas ! par-tout ce que j'ai jamais lu dans l'histoire, ce que j'ai jamais entendu par récits, jamais le cours des amours sincères ne fut sans trouble & sans orages. Mais, tantôt les obstacles vinrent de la différence des conditions.

HERMIA.

Oh ! c'est une source de contradictions & de malheurs, quand l'amour enchaîne le Prince à l'humble bergère.

LYSANDRE.

Tantôt une disproportion choquante sépare les années.

HERMIA.

Oh! c'est un fléau, que l'automne des ans soit uni à leur printems.

LYSANDRE.

Tantôt, c'est un choix forcé par l'aveugle complot d'amis imprudens.

HERMIA.

Oh! c'est un enfer, de choisir l'objet de son amour par les yeux d'autrui.

LYSANDRE.

Ou, s'il se trouvoit de la sympathie dans le choix, la guerre, la mort, ou la maladie, sont venus le traverser & l'anéantir; & le bonheur de l'amour passa comme un son, disparut comme un ombre, ne dura que l'instant d'un songe, s'évanouit comme l'éclair dans une épaisse nuit: dans un clin-d'œil, il découvre le Ciel & la Terre; &

avant que l'homme ait eu le tems de dire, voyez!
les ténèbres l'ont englouti : tant tout ce qui est heureux & brillant se précipite rapidement dans le
sombre néant (†)!

HERMIA.

Si les vrais amans ont toujours été traversés,
& que ce soit une loi établie par le destin, apprenez donc à la subir avec patience, puisque c'est un
revers ordinaire & aussi inévitable pour les amans,
que les pensées, les songes, les soupirs, les désirs
& les larmes, sont inséparables d'un cœur atteint
du mal d'amour.

LYSANDRE.

Prudent & sage conseil ! Écoute-moi donc, Hermia : j'ai une tante, qui est veuve, riche douai-
rière, possédant une immense fortune, & qui n'a
point d'enfans. Sa maison est éloignée d'Athènes
de sept lieues ; elle me regarde & me chérit comme

(†) Lysandre fait ici des réflexions qui ne sont que trop
vraies sur l'amour : il est si rare de trouver l'accord de tous
les rapports avec la sympathie des cœurs & des caractères, pour
former un mariage complettement heureux !

M.rs GRIFFITH.

son propre & unique fils. Dans cet afyle, Hermia, je peux t'époufer; & la dure loi d'Athènes ne peut nous y pourfuivre. Ainfi, fi tu m'aimes, dérobe-toi de la maifon de ton pere demain, dans la nuit; & dans le bois, à une lieue hors de la ville, au même endroit où je te rencontrai une fois avec Hélene, allant rendre votre culte annuel à la premiere aurore de Mai : là, je te promets de t'attendre.

HERMIA.

Mon cher Lyfandre, je te jure, par l'arc le plus fort que pofsède l'amour, par la plus fûre de fes flèches dorées, par la douce candeur des colombes de Vénus, par les nœuds fecrets qui enchaînent les ames, & font profpérer les amours, par les feux dont brûla la Reine de Carthage, lorfqu'elle vit le perfide Troyen fuyant à pleines voiles (§), par tous les fermens que les hommes ont violés, fermens plus nombreux que n'ont jamais été les vœux des femmes; je te le jure : au lieu même que tu viens de m'affigner, demain, fans faute, j'irai te rejoindre.

(§). Shakefpeare oublie ici que Théfée avoit fait fes exploits avant la guerre de Troye, & conféquemment, long-tems avant la mort de Didon.

STUVENS.

COMÉDIE.

LYSANDRE.

Tiens ta promesse, ma bien-aimée. — Vois, voici Hélene qui vient à nous.

SCÈNE IV.

Les mêmes.

HÉLENE.

HERMIA.

Que le bonheur vous suive, belle Hélene ! Où allez-vous ainsi ?

HÉLENE.

Vous m'appellez belle ! Ha ! rétractez-vous, & séparez ce mot du nom d'Hélene. Demetrius aime votre beauté ; ô heureuse beauté ! vos yeux sont l'astre des amans; & la douce mélodie de votre voix flatte plus l'oreille du Berger, que le chant de l'alouette, lorsque les bleds sont verds, & que le bouton des roses commence à sortir des épines. La maladie se gagne & se communique : oh ! que n'en est-il ainsi des traits de la beauté ! je m'enparerois des vôtres, belle Hermia, avant de vous quitter. Mon oreille faisiroit votre voix; mes yeux, vos regards; & ma langue enleveroit le doux accent de la vôtre. Si l'univers étoit à moi; tout, excepté Demetrius, je vous le donnerois pour le transformer & le parer de vos charmes. Oh! enseignez-moi la magie de vos regards, & par quel art vous gouvernez les mouvemens du cœur de Demetrius (§).

HERMIA.

Je ne lance jamais sur lui qu'un œil de courroux, & cependant il m'aime toujours.

HÉLENE.

Oh! que mon sourire pût faire l'heureuse impression, que produit votre œil menaçant!

(§) On est enchanté de la douceur, de la modestie d'Hélene, & du discours généreux avec lequel cette belle infortunée aborde sa rivale, courtisée par l'amant qu'elle adore elle-même. Comme elle n'a à reprocher à Hermia, ni artifice, ni coquetterie employée pour séduire & lui enlever son amant, elle ne fait que déplorer son malheureux sort, sans aucune invective contre son heureuse rivale. — Hermia, dans la même scène, fait allusion au pouvoir magique de l'amour, qui nous fait préférer une chaumiere à un palais, & un désert à un bocage, selon la situation, ou les circonstances de l'objet de nos affections. Mrs GRIFFITH.

HERMIA.

HERMIA.

Je le maudis, & cependant il ne me rend qu'amour pour mes malédictions.

HÉLENE.

O que mes prieres puſſent éveiller en lui pareille tendreſſe !

HERMIA.

Plus je le hais, plus il s'obſtine à me ſuivre.

HÉLENE.

Plus je l'aime, plus il s'obſtine à me haïr.

HERMIA.

Sa folle paſſion, chere Hélene, n'eſt point ma faute (†).

HÉLENE.

Non : ce n'eſt que la faute de votre beauté. Ah ! plût au Ciel que votre faute fût la mienne !

(†) Hermia cherche à conſoler Hélene, & à rabaiſſer ſon triomphe apparent ſur elle. Elle lui dit de ne pas regarder le don de plaire comme un avantage qui mérite tant d'être envié, ou déſiré, puiſque Hermia, qu'elle regarde comme le poſſédant au ſuprême dégré, n'en retire d'autre fruit que la perte de ſon bonheur.
JOHNSON.

HERMIA.

Prenez courage, & confolez-vous : il ne verra plus mon vifage. Lyfandre & moi, nous voulons fuir de cette ville. — Athènes, avant le premier jour où je vis Lyfandre, Athènes me fembloit un Paradis. Oh ! quel charme inconcevable émane donc de mon amant, pour avoir ainfi changé mon Ciel en Enfer ?

LYSANDRE.

Hélene, nous allons vous ouvrir nos ames. Demain, dans la nuit, lorfque Phébé contemplera fa face argentée dans le miroir de l'onde, & parera de liquides diamans le gazon touffu, heure propice qui cache la faute des amans; nous avons réfolu de nous évader, & de franchir furtivement les portes d'Athènes.

HERMIA.

Et dans le bois, où fouvent vous & moi nous avions coutume de repofer fur un lit de jeunes & molles primevères, épanchant dans le fein l'une de l'autre les fecrets dont nos cœurs étoient chargés : là, nous devons nous rendre, mon Lyfandre & moi, & de ce lieu partir, en détournant pour ja-

COMEDIE.

mais nos yeux d'Athènes, pour aller chercher de nouveaux amis, & une société étrangere. Adieu, chere compagne de mon enfance & de mes jeux; fais des vœux pour nous, & que le sort favorable t'accorde enfin ton Demetrius! — Lysandre, tiens ta parole; il faut que nous affamions nos yeux de l'aliment des amans, jusqu'à demain dans la nuit profonde.

(Hermia sort.)

LYSANDRE.

Oui, j'y serai, mon Hermia. — Hélene, adieu. Puisse Demetrius être idolâtre de vous, comme vous l'êtes de lui!

(Lysandre sort.)

SCÈNE V.

HÉLENE, *seule.*

Comme il est des mortels bien plus heureux que les autres ! Je passe dans Athènes pour être aussi belle qu'elle. Mais, que m'importe ? Demetrius n'en pense pas de même : il ne connoîtra jamais ce que tout le monde, excepté lui, connoît. Comme ses yeux sont aveugles, en se passionnant pour les yeux d'Hermia ; moi, je le suis, en étant si éprise de son mérite. Les plus vils objets, un néant, l'amour peut les transformer, & leur donner de la grace & du prix. L'Amour ne voit pas avec les yeux du corps, mais avec ceux de l'ame; & voilà pourquoi l'aîlé Cupidon est peint aveugle; & pourquoi son esprit n'est doué d'aucun discernement : des aîles, & point d'yeux, sont l'emblême d'une précipitation aveugle & inconsidérée ; & voilà pourquoi on dit que l'Amour est un enfant, parce qu'il est si souvent trompé dans son choix. Comme les folâtres enfans se parjurent dans leurs puériles jeux, l'enfant Amour se parjure en tous lieux avec indifférence. Avant que Deme-

COMÉDIE.

trius eût vu les yeux d'Hermia, il pleuvoit de sa bouche une nuée de sermens, qu'il n'étoit qu'à moi seule; mais si-tôt que son cœur a senti l'impression d'Hermia, ses sermens se sont dissous & évanouis, comme une neige aux rayons de la chaleur. Je vais aller lui annoncer la fuite d'Hermia: aussi-tôt il va demain dans la nuit la poursuivre au bois; & si j'obtiens quelques remercîmens pour cet avis, ce sera à un prix bien cher; mais ce sera une consolation à mon tourment de le voir en ce lieu, & de m'en retourner après.

(Elle sort.)

SCÈNE VI.

On voit une Chaumiere.

QUINCE, *Charpentier*, SNUG, *Menuisier*, BOTTOM, *Tisserand*, FLUTE, *racommodeur de soufflets*, SNOUT, *Chaudronnier*, & STARVELING, *Tailleur* (a).

QUINCE.

Toute notre troupe est-elle ici?

(a) Shakespeare profite de la connoissance que sa profession lui donnoit du Théâtre, pour se moquer des prétentions des Comédiens. Bottom, qui est regardé comme le principal Acteur, déclare son inclination pour les rôles de tyran, ou de Furie, pour le bruit, le tapage, & tous ces rôles bruyans & fougueux, que tout jeune débutant affectionne la premiere fois qu'il met le pied sur la scène. Le même Bottom, qui paroît avoir été élevé dans une garderobe, a une passion d'histrion; il veut s'emparer de tous les rôles, & exclurre ses inférieurs de tous les rôles un peu saillans : il voudroit à la fois jouer ceux de Pyrame, de Thisbé, & du Lion.

JOHNSON.

COMEDIE.

BOTTOM.

Vous feriez mieux de les appeller tous l'un après l'autre, suivant la liste.

QUINCE.

Voici le rouleau où sont écrits tous les noms de chaque Acteur, qui, dans toute Athènes, a été jugé le plus en état de jouer dans notre intermède devant le Duc & la Duchesse, la nuit de ses nôces.

BOTTOM.

Avant tout, bon Pierre Quince, dites-nous le sujet de la Pièce; ensuite, lisez les noms des Acteurs, & ensuite, distribuez les rôles.

QUINCE.

Hé bien, notre Pièce, c'est *la très-lamentable Comédie* (§), *& la très-tragique mort de Pyrame & Thisbé*.

BOTTOM.

Une bonne pièce, vraiment, je vous en assure,

(§) Trait de ridicule contre le titre courant de la Tragédie de Cambyse, par Preston, ou la Campaspe de Lilly.
STEEVENS.

& bien gaïe. — Allons, cher Pierre Quince, appellez vos Acteurs suivant la liste. — Messieurs, rangez-vous.

QUINCE.

Que chacun réponde à son nom. *Nick Bottom, Tisserand.*

BOTTOM.

Me voilà : nommez le rôle qui m'est destiné, & poursuivez.

QUINCE.

Vous, Nick Bottom, vous êtes inscrit pour le rôle de Pyrame.

BOTTOM.

Qu'est-ce qu'il est, ce Pyrame ? un amant, ou un tyran ?

QUINCE.

Un amant qui se tue par amour le plus galamment du monde.

BOTTOM.

Ce rôle demandera quelques larmes dans l'exécution. Si c'est moi qui le fais, que l'auditoire tienne bien ses yeux : je ferai rage, je déchirerai les cœurs, & je saurai gémir & me plaindre comme il faut.

aux

(aux autres) Cependant mon goût principal est pour les rôles de tyran: je pourrois jouer un Hercule quelquefois, & un rôle à déchirer un promontoire, à faire tout fendre:

> Les rocs en furie:
> Et les gonds tremblans
> Briseront les verrous
> Des portes des cachots;
> Et le char de Phébus
> Brillera dans les nues,
> Et fera & défera
> Les destins insensés (§).

Cela étoit sublime! —— Allons, nommez les autres Acteurs. —— Voilà le ton & la verve d'Hercule, la verve d'un tyran: le ton d'un amant est plus plaintif & plus langoureux.

(†) Dans une vieille Comédie, *la jeune Fille rugissante*, il y a un caractère nommé, *Déchire-chat* à ceux qui ont vu ma valeur, dit-il, m'appellent *Déchire-chat*.

STEEVENS.

(§) C'est quelque fragment ampoulé, tiré de quelque Pièce du tems.

THEOBALD.

QUINCE.

François Flute, raccommodeur de soufflets.

FLUTE.

Me voici, Pierre Quince.

QUINCE.

Il faut que vous vous chargiez du rôle de Thisbé.

FLUTE.

Qu'eft-ce que c'eft que Thisbé ? Un Chevalier errant ?

QUINCE.

C'eft la beauté que Pyrame doit aimer.

FLUTE.

Non vraiment, ne me faites pas jouer le rôle d'une femme ; j'ai de la barbe qui me vient.

QUINCE.

Cela eft égal ; vous le jouerez fous le mafque, & vous pouvez aiguifer en femme votre voix, autant que vous voudrez (s).

(s) On voit par ce paffage comment on suppléoit au défaut de femmes pour les rôles du fexe: s'ils n'avoient pas de jeune garçon, pour le jouer avec un vifage qui pût

BOTTOM.

Si je peux cacher mon visage sous le masque, laissez-moi jouer aussi le rôle de Thisbé: vous verrez comme je saurai horriblement amincir ma voix. (*Il imite ici la voix d'une femme.*) Thisbé, Thisbé: —ah! Pyrame, mon cher amant; ta chere Thisbé, ta chere bien-aimée.

QUINCE.

Non, non: il faut que vous fassiez Pyrame; & vous, Flute, Thisbé.

BOTTOM.

Allons, continuez.

QUINCE.

Robin Starveling, le Tailleur.

STARVELING.

Me voilà, Pierre Quince.

---

passer pour féminin, le rôle étoit joué sous le masque, qui, dans ce tems-là, étoit une partie de la parure des femmes; & celui qui pouvoit plier sa voix à imiter celle d'une femme, en jouoit le rôle avec succès. On a observé qu'une de ces héroïnes contrefaites remuoit les passions avec plus de force, que n'ont fait depuis les femmes introduites sur la scène.

JOHNSON.

QUINCE.

Robin Starveling, vous jouerez le rôle de la mere de Thisbé (†). — *Thomas Snout, le Chaudronnier.*

SNOUT.

Me voici, Pierre Quince.

QUINCE.

Et vous, le rôle du pere de Pyrame; & moi, celui du pere de Thisbé. — *Snug, le Menuisier;* vous, vous ferez le lion. — Et voilà, j'espere, une Pièce bien distribuée.

SNUG.

Avez-vous-là le rôle du Lion écrit ? Je vous en prie, s'il l'est, donnez-le-moi; car j'ai la mémoire lente.

QUINCE.

Oh! vous pourrez le faire impromptu; car il ne s'agit que de rugir.

BOTTOM.

Oh ! laissez-moi jouer le Lion aussi : je rugirai

(†) Il est à remarquer que rien de ce qu'on voit dans la répétition, n'est joué devant Thésée.

STEEVENS.

fi bien, que ce fera un plaifir délicieux de m'entendre: je rugirai fi bien, fi bien que je ferai dire au Duc, *qu'il rugiſſe encore, qu'il rugiſſe encore.*

QUINCE.

Si vous alliez faire votre rôle d'une maniere trop terrible, vous épouvanteriez la Ducheſſe & les Dames, au point de les faire crier de frayeur; & ç'en feroit aſſez pour nous faire tous pendre.

TOUS ENSEMBLE.

Cela feroit pendre tous les enfans de nos meres.

BOTTOM.

Je vous accorde, mes amis, que fi vous épouvantiez les Dames au point de leur faire perdre l'efprit, elle ne fe feroient pas un fcrupule de nous pendre. Mais je vous promets de groſſir ma voix, de façon, que je vous rugirai avec le doux murmure d'une colombe amoureufe. Oui, je rugirai de façon, que vous croirez entendre un roſſignol.

QUINCE.

Vous ne pouvez abfolument faire d'autre rôle que Pyrame; car Pyrame eſt un homme d'une aimable figure, un homme auſſi bien fait qu'on en puisse voir dans le plus beau jour d'été, un très-aimable & charmant Cavalier ; ainsi, vous voyez bien qu'il est nécessaire que vous fassiez Pyrame.

BOTTOM.

Allons, je m'en chargerai. Quelle est la barbe qui me siéra le mieux pour le jouer ?

QUINCE.

Hé, celle que vous voudrez.

BOTTOM.

Je l'exécuterai, ou avec votre barbe couleur de paille, ou celle de couleur d'orange, ou celle de couleur de pourpre, ou avec votre barbe couleur de tête françoise (†), de votre jaune parfait (§).

(†) Crâne françois ; c'est-à-dire, une tête dont les cheveux sont tombés par une suite de la maladie de la débauche, appellée *corona veneris*.
STEEVENS.

(§) Bottom montre ici un vrai génie pour le théâtre, par ses inquiétudes sur la convenance des habillemens, & sa délibération sur l'espèce de barbe qu'il doit préférer à toutes les autres barbes.
JOHNSON.

C'étoit la mode de potter des barbes peintes & colorées.
STEEVENS.

COMEDIE.

QUINCE.

Il y a plusieurs de vos têtes françoises qui n'ont pas un cheveu; vous feriez donc votre rôle tête nue. — Mais, allons, Messieurs; voilà vos rôles; & je dois vous prier, vous recommander, vous prévenir de les bien apprendre. Demain matin, venez me trouver dans le bois voisin du Palais, à un mille de la ville, au clair de la lune : là, nous ferons notre répétition ; car si nous nous assemblons dans la ville, nous aurons à nos trousses une foule de curieux, & tout notre plan sera connu. En attendant, je vais dresser la liste des préparatifs dont notre Pièce a besoin. Je vous prie, n'allez pas manquer au rendez-vous.

BOTTOM.

Nous nous y rendrons; & là, nous pourrons faire notre répétition avec plus de liberté (§) & de hardiesse. Donnez-vous des soins; songez à être parfaits. Adieu.

QUINCE.

Au chêne du Duc (†): c'est-là notre rendez-vous.

(§) Le mot est *obscenely*; *obscenum est, quod intra scenam agi non opportuit.*   GRAY.

(†) Cette phrase proverbiale vient originairement du camp.

BOTTOM.

C'eſt aſſez : nous y ferons : ſoit que les cordes de l'arc tiennent, ou ſe rompent.

Quand on aſſignoit un rendez-vous, des ſoldats de milice vouloient ſouvent s'excuſer pour ne pas tenir leur parole, ſur ce que les cordes de leurs arcs étoient rompues, & leurs armes hors d'état de ſervir. D'où vient le proverbe : « tenez » votre parole, ſoit que les cordes de votre arc ſoient rompues » ou non ». WARBURTON.

Steevens doute de cette explication, & penſe qu'il n'eſt queſtion que des cordes qui faiſoient partie de l'arc avec lequel on touchoit divers inſtrumens de muſique.

Fin du premier Acte.

ACTE II.

SCÈNE PREMIERE.

Le Théâtre représente un bois.

Une FÉE *entre par une porte*, & PUCK
(lutin) *par une autre.*

PUCK.

Hé bien, Esprit, où errez-vous ainsi?

LA FÉE.

Sur les côteaux, dans les vallons,
A travers bruyères & buissons,
Au-dessus des parcs & des enceintes,
Au travers des feux & des eaux,
J'erre au hasard en tous lieux,
D'un mouvement plus doux que la sphere de la lune.
Je sers la Reine des Fées,

J'arrose ses cercles magiques sur la verdure (§);
Les plus hautes primevères (†) sont ses tendres
 éleves :
Vous voyez des taches de pourpre sur leurs robes
 blondes ,
Ces taches sont les rubis, les bijoux des Fées ;
C'est dans ces taches que vivent leurs sucs odorans.
Il faut que j'aille recueillir ici quelques gouttes
 de rosée ,
Et que je suspende une perle sur la tige de chaque
 primevère.
Adieu , Esprit lourd : je te laisse.
Notre Reine & tous ses Sylphes seront ici dans
 un moment.

PUCK.

Le Roi tient ici son bal cette nuit : prends garde

(§) Ce sont les cercles qu'on disoit que les Fées faisoient sur le gazon , dont la brillante verdure provenoit du soin que prenoient les Fées de l'arroser. JOHNSON.

Similes illis spectris, quæ in multis locis , præsertim nocturno tempore suum saltatorium orbem cum omnium musarum concentu versare solent. Olaus magnus. Ces danses flêtrissoient le gazon, & l'office de Puck étoit de le rafraîchir. STEEVENS.

(†) La primevère étoit la fleur favorite des Fées.

que la Reine ne vienne s'offrir à sa vue ; car Oberon est forcené de vengeance & de rage, de ce qu'elle traîne à sa suite un aimable & jeune enfant dérobé à un Roi de l'Inde. Jamais elle n'eut un aussi joli poupon ; & le jaloux Oberon voudroit l'avoir & le faire Page de sa suite, pour parcourir avec lui les vastes forêts ; mais elle retient malgré lui l'enfant chéri ; elle le couronne de fleurs, & fait de lui tous ses plaisirs. Depuis ce moment, ils ne se rencontrent plus dans les bosquets, sur le gazon, près de la limpide fontaine, & à la clarté des étoiles brillantes, qu'ils ne se querellent avec tant de fureur, que tous les Sylphes se glissent dans les épis de bled, & s'y cachent de frayeur.

LA FÉE.

Ou je me trompe bien sur votre forme & tout votre ensemble, ou vous êtes cet Esprit malin & fripon, qu'on appelle Robin (†) le bon

---

(†) Cet Esprit étoit spécialement enclin à troubler la paix domestique & les affaires du ménage. Si l'on n'avoit pas soin de laisser une tasse de crème & de lait caillé pour Robin, pour le Moine, & pour Sisse la laitiere, le lendemain le potage étoit brûlé, les fromages ni le beurre ne pouvoient pas prendre : c'étoit son tribut, pour ses peines de balayer la maison à minuit, & de moudre la moutarde. STEEVENS.

luron : n'êtes-vous pas lui ? N'eſt-ce pas vous qui effrayez les jeunes filles de village, qui écrêmez le lait, qui empêchez le beurre de prendre, & tourmentez la ménagere, fatiguée de le battre en vain, & qui, quelquefois, travaillez avec le moulin à bras, & qui empêchez le levain de la boiſſon de fermenter : n'eſt-ce pas vous qui égarez les voyageurs dans la nuit, & riez de leur peine ? Mais ceux qui vous appellent *follet*, *joli* (§) *lutin*, vous faites à ceux-là leur ouvrage, & leur portez bonne chance. Dites, n'êtes-vous pas lui ?

PUCK.

Vous devinez juſte : je ſuis cet Eſprit jovial errant dans les nuits; je ſuis le bouffon d'Oberon (†), &

(§) Cette épithète n'eſt pas ſuperflue ; car *Puck* ſeul eſt loin d'être un mot de tendreſſe. Il ſignifie le *Diable* : c'eſt un vieux mot gothique, qui veut dire, *Satan*.

TYRHWIT.

(†) *Puck* ou *Hobgoblin* étoit le ſerviteur ſpécialement attaché à Oberon, & toujours employé par lui à découvrir les intrigues de la Reine *Mab*, que Shakeſpeare appelle Titania.

JOHNSON.

Il y a beaucoup de cette féerie dans Chaucer, & ſes charje le fais fourire, lorfque, gras & nourri de féves fucculentes, je trompe un cheval henniffant fur le ton d'une jeune & novice cavale. Quelquefois je me tapis dans la taffe de la commere, fous la forme d'une petite pomme cuite ; & lorfqu'elle vient à boire, je me pends à fes lèvres, & répands fa bière fur fon giron flêtri. La plus paffionnée grandmere, en contant la plus trifte hiftoire, me prend quelquefois, dans fon erreur, pour une belette à trois pieds: alors, je me fouftrais à fon derriere; elle tombe & donne du cul à terre, & elle crie, *tailleur* (†), & la voilà auffi-tôt prife d'une toux convulfive; & alors toute l'affemblée de tenir fes hanches, & d'éclater de rire, & de s'enfler de joie, & d'éternuer, & de jurer que jamais ils n'ont paffé d'heure plus joyeufe. Mais, place, belle Fée ; voici le Roi Oberon.

---

mans contes, auxquels Pope a plus d'obligation pour fon Épître d'Héloïfe à Abailard, qu'il n'a daigné l'avouer lui-même.   STEEVENS.

(†) La coutume de crier, *tailleur*, à la vue d'un homme qui fait une chûte fur le dos, vient de ce qu'un homme qui

LE SONGE D'ÉTÉ,

LA FÉE.

Et voici ma maîtresse ! Oh ! que je voudrois qu'il fût parti !

SCÈNE II.

Les mêmes.

OBERON, *Roi des Fées, entre avec sa suite par une porte, & la* REINE, *avec son cortége, entre par l'autre.*

OBERON.

JE te trouverai au clair de la lune, superbe Titania.

LA REINE.

Comment, jaloux Oberon ? — Fées légères,

---

glisse en arriere de sa chaise, tombe comme un tailleur accroupi, les jambes croisées sur son établi.

JOHNSON.

délogez, & fortez d'ici : j'ai renoncé à fa couche & à fa compagnie.

OBERON.

Arrête, téméraire infidèlle. Ne fuis-je pas ton maître & ton époux ?

LA REINE.

Je fuis donc ta Reine & ton époufe. Mais je fais le jour que vous vous êtes dérobé du pays des Fées, & que, fous la figure du berger Corin, vous êtes refté affis tout le jour, foupirant, fur des chalumeaux d'épis, votre amour à l'amoureufe Phillis ? Pourquoi êtes-vous ici, revenu des monts les plus reculés de l'Inde ? Ce n'eft, je le jure, que parce que la fanfaronne Amazone, votre maîtreffe en brodequins, cette amante guerriere doit être mariée à Théfée ; & vous venez pour donner le bonheur & la joie à leur couche nuptiale.

OBERON.

Au nom de la honte, comment peux-tu, Titania, m'invectiver fur mon amitié pour Hyppolite, fachant que je fuis inftruit de ton amour pour Théfée ? Ne l'as-tu pas conduit dans la nuit à la lueur des étoiles, des bras de Périgyne, qu'il avoit enlevée ? Et ne lui as-tu pas fait violer sa foi, donnée à la belle Églé, à Ariadne, à Antiope (†) ?

LA REINE.

Ce sont-là des chimeres forgées par la jalousie : jamais, depuis le solstice de l'Été, nous ne nous sommes rencontrés sur les collines, dans les vallées, dans les forêts, ni les prairies, auprès des claires fontaines, ou des ruisseaux bordés de joncs, ou sur le rivage de la mer, pour danser nos rondes au sifflement des vents, que tu n'ayes troublé nos jeux de tes clameurs importunes. Aussi, les vents, lassés de nous faire entendre en vain leur murmure, comme pour se venger, ont pompé de la mer des vapeurs contagieuses, qui, venant à tomber sur les campagnes, ont tellement enflé d'orgueil de misérables rivieres, qu'elles ont surmonté leurs bords. Le bœuf

---

(†) Périgyne, dont Théfée eut Ménalippus ; elle étoit fille de Sinnis, brigand cruel, qui tourmentoit les passagers dans l'Isthme : elle fut enlevée par Théfée. — Églé, Ariadne & Antiope, furent trois maîtresses de Théfée.

THÉOBALD.

COMEDIE. 41

se prêtoit en vain au joug pénible : le Laboureur a perdu ses sueurs & ses travaux; & le blé verd étoit gâté dans sa verdure, avant que le duvet eût orné son jeune épi. Les parcs sont restés vuides & déserts au milieu de la plaine submergée ; & les corbeaux s'engraissent de la mortalité des troupeaux : les quarrés des jeux rustiques (§) sont comblés de fange; & les jolis labyrinthes, serpentans sur la folâtre verdure, ne peuvent plus se distinguer; le fil en est perdu. Les hommes (†) mortels sont sevrés de leurs fêtes d'hiver (§). Plus de chants, plus d'hymnes, plus de noëls sacrés n'égayent les longues nuits. — Aussi, la lune, cette souveraine des flots,

---

(§) Le jeu des *merelles* : figure que les Bergers, ou les enfans tracent sur le gazon, contenant plusieurs quarrés. Les joueurs ont neuf petites pierres; & celui qui peut en placer trois sur la même ligne droite, gagne la partie.

TOLLET.

(†) Les Fées n'étoient pas de la classe des hommes ; mais elles étoient sujettes comme eux à la mort.

STEEVENS.

(§) Toutes ces calamités étoient l'effet de la discorde élevée entre Oberon & Titania : plus de ces jeux rustiques dans les

pâle de courroux, inondę l'air d'humides vapeurs, qui font pleuvoir les maladies & les catharres ; & au milieu de cette intempérie des élémens, nous voyons les faisons changer; les frimats, à la blanche chevelure, tomber fur le tendre fein de la rofe vermeille : le vieux hiver étale fur fon menton & fur le fommet de fa tête glacée, un chapelet odorant des tendres boutons moiffonnés, & infulte à l'été. Le printems, l'été, le fertile automne, le menaçant hiver, changent réciproquement leur livrée ordinaire ; & le monde étonné, ne peut plus diftinguer à leurs productions, quelle faifon regne fur l'atmofphere. Toute cette chaîne de maux provient de nos débats & de nos diffenfions ; c'eft nous qui en fommes les auteurs & la fource.

OBERON.

Hé bien, réformez ces défordres : cela dépend de vous; pourquoi Titania contrarieroit-elle fon cher Oberon ? Je ne lui demande rien de plus, qu'un

---

veillées d'hiver, plus de ces danfes des Fées au clair de la lune, qui fe plaifoit à voir leurs ébats nocturnes.

STEEVENS.

COMÉDIE.

jeune & petit enfant, pour en faire mon Page d'honneur (†).

TITANIA.

Ne vous tourmentez point en vain. Tout l'Empire des Fées (§) n'acheteroit pas de moi cet enfant: sa mere étoit attachée à ma cour, & mille fois, la nuit, dans l'air parfumé de l'Inde, elle s'est réjouie & promenée à mes côtés. Mille fois assise auprès de moi sur les sables jaunâtres de Neptune, elle observoit les commerçans embarqués sur les flots. Après que nous avions ri de voir les voiles se jouer sous l'impression du folâtre zéphyr, & leur ventre s'enfler par sa puissance; elle se mettoit à vouloir les imiter, en nageant légérement sur la terre,

---

(†) Cet office fut aboli par la Reine Elisabeth. GRAY.

(§) Voici la description que Randolphe donne de l'empire des Fées. Un joli parc palissadé tout autour d'une rangée cure-dents. Un Palais composé tout entier de la mere des perles un jeu de paume d'ivoire, une salle de muscade, une laiterie en saphir, une salle en gingembre; des chambres en Agathe; des cuisines de crystal, des tourne-broches d'or, & les broches, des aiguilles d'Espagne.

pouffant en avant fon ventre rebondi, qui portoit mon jeune écuyer ; elle imitoit un vaiffeau voguant fur la plaine ; pour m'aller chercher les bagatelles que j'aime, & revenir à moi, comme d'un long voyage, chargée d'une riche cargaifon. Mais l'infortunée étoit mortelle ; elle eft morte en donnant la vie à ce jeune enfant, & c'eft pour l'amour d'elle que j'éleve fon enfant ; c'eft pour l'amour de fa mere, que je ne veux pas me féparer de lui.

OBERON.

Combien de tems vous propofez-vous de refter dans le bois ?

LA REINE.

Peut-être, jufqu'après le jour des nôces de Théfée. Si vous voulez être calme & danfer nos ronds, & affifter à nos ébats, au clair de la lune, venez, venez avec nous : finon, évitez-moi, & je vous promets de ne pas vous troubler dans les lieux hantés par vous.

OBERON.

Donnez-moi cet enfant, & je fuis prêt à vous fuivre.

LA REINE.

Je ne le donnerois pas pour tout votre Royaume de Féerie. — Fées, allons, partons. Nous passerons toute la nuit à quereller, si je reste plus longtems.

(*La* REINE *sort avec sa suite.*)

SCÈNE III.

OBERON & *sa Cour*, PUCK.

OBERON, *à la* REINE, *qui disparoît.*

HÉ bien ! va, poursuis; mais tu ne sortiras pas de ce bosquet, que je ne t'aye bien vexée, pour me venger de cet outrage. — Puck, mon mignon, approche ici. — Tu te souviens d'un jour où j'étois assis (1) sur un promontoire, & que j'entendis une Syrène, portée sur le dos d'un Dauphin, chantant sur un ton si doux & si harmonieux, que l'intraitable mer s'adoucissoit aux accens de sa voix; & maintes étoiles transportées s'élancèrent de leur sphère, pour entendre la musique de cette Nymphe de la mer ?

PUCK.

Oui, je m'en souviens.

OBERON.

Hé bien dans le même tems, je vis, mais tu ne pus le voir, toi, Cupidon tout armé dès le berceau (§), voler entre la froide lune & l'atmosphère de la terre (†) : il visa le cœur d'une charmante Vestale, assise sur un trône d'occident ; & d'un bras vigoureux, il décocha de son arc un trait d'amour des plus acérés, comme s'il eût voulu percer d'un seul coup mille cœurs. Mais je vis la flèche enflammée du jeune Cupidon s'éteindre dans les humides rayons de la chaste lune, & sa Prêtresse couronnée continua

---

(§) *O meraviglia ! amor ch'à pena è nato,*
Già grande vola & già triomfa armato.
LE TASSE.

(†) Ingénieuse & belle métamorphose pour exprimer poétiquement les effets de l'amour sur les ames réfléchies & contemplatives, & sur les hommes plus frivoles & plus dissipés.
WARBURTON.

sa route, libre de toute atteinte d'amour (§), & tranquille dans ses méditations virginales. Je remarquai où vint tomber le trait ; il tomba sur une petite fleur d'occident. —— Auparavant, elle étoit blanche comme le lait ; depuis, elle est pourpre par la blessure de l'amour ; & les jeunes filles l'appellent *pensée* (†) : va me chercher cette fleur. Je te l'ai montrée une fois. Le suc de cet fleur, posé sur ses paupières endormies, vous rend une femme, ou un homme, follement amoureux de la premiere créature vivante qui s'offre à leurs regards. Apportemoi cette fleur, & sois revenu ici avant le tems que le Leviathan met à nager une lieue.

PUCK.

J'environnerai d'une ceinture le globe de la terre en quarante minutes.

OBERON.

Lorsqu'une fois j'aurai le suc de cette plante, j'épie

(§) Compliment à Elisabeth, qui fit vœu de mourir célibataire.

(†) On l'appelle aussi *Love in idleness*, *l'amour oisif*. Voyez, la Méchante Femme, &c. (acte 1, scène 4.) Ou, *l'aise du cœur*, ou *herbe de la Trinité*, ou *violette de trois couleurs*, &c. Une ou deux de ses pétales sont de couleur pourpre.

rai l'inftant où Titania fera endormie, & j'en laifferai tomber une goutte fur fes yeux. Le premier objet qu'ils verront à fon réveil, fût-ce un lion, un ours, un loup, un taureau, un fatyre, ou le finge actif & curieux, elle le pourfuivra avec un cœur plein d'amour; & avant que j'ôte ce charme de fa paupière, ce que je peux faire avec un autre fimple, je l'obligerai à me céder fon Page. Mais, qui vient en ces lieux? Je fuis invifible (†), & je veux entendre leur entretien.

(†) On remarquera peut-être que Puck & Oberon parlent fouvent fur la fcène, fans qu'on ait fait mention de leur entrée; c'eft que le Poète fuppofe qu'ils reftent fur le Théâtre durant la plus grande partie du refte de la Pièce; & en qualité d'Efprits invifibles, ils font-là pour fe mêler, quand il leur plaît, aux autres acteurs, & embrouiller l'intrigue par leur intervention, fans être vus, ni entendus, que lorfqu'il eft néceffaire qu'ils le foient pour leurs vues.

THEOBALD.

SCENE

COMEDIE.

SCÈNE IV.

OBERON *invisible*. DEMETRIUS, & HÉLENE, *qui le suit*.

DEMETRIUS.

JE ne vous aime point; ainsi, cessez de me poursuivre. Où est Lysandre, & la belle Hermia? Je tuerai l'un; l'autre me tue. Vous m'avez dit, qu'ils s'étoient sauvés dans le bois; m'y voilà, dans le bois, & je suis furieux de n'y pouvoir trouver mon Hermia. Laissez-moi; éloignez-vous, & ne me suivez plus.

HÉLENE.

Vous m'attirez malgré moi sur vos pas, cœur plus dur que le diamant : mais ce n'est pas un vil fer que vous attirez : mon cœur est pur & sans alliage, comme l'acier : perdez cette force secrète qui m'attire vers vous, & je n'aurai plus le pouvoir de vous suivre.

DEMETRIUS.

Est-ce que je vous sollicite ? Est-ce que je vous

attire par de douces paroles, & ne vous déclarai-je pas plutôt fans ceffe la vérité nue; que je ne vous aime point, que je ne peux vous aimer?

HÉLENE.

Et je ne vous en aime que d'avantage. Je ressemble à votre chien fidèle : plus vous me maltraitez, Demetrius, & plus je veux vous carreffer. Traitez-moi feulement comme lui : rebutez-moi, frappez-moi, méprifez-moi, cherchez à m'égarer, à me perdre; mais du moins, accordez-moi la liberté de fuivre vos pas, quelque indigne que je fois de vos regards. Quelle place plus humble dans votre amour puis-je implorer ? Et ce feroit encore pour moi une faveur d'un prix ineftimable, que le privilége d'être traitée, comme vous traitez votre chien.

DEMETRIUS.

Ne vous expofez pas à provoquer mon reffentiment & ma haine : je me fens malade de dégoût & d'averfion, quand je vous vois.

HÉLENE.

Et moi, je me trouve mal d'amour, quand je ne vous vois pas.

DEMETRIUS.

Vous compromettez trop votre sexe & sa pudeur, en quittant ainsi la ville, & vous livrant seule à la merci d'un homme qui ne vous aime point; en vous confiant imprudemment aux ombres dangereuses de la nuit, aux conseils funestes de la solitude, avec le riche trésor de votre virginité.

HÉLENE.

Votre mérite est mon excuse: la nuit cesse pour moi, quand je vois vos traits; je ne crois plus être alors dans les ténèbres : ce bois n'est point une solitude pour moi; avec vous, j'y trouve tout l'univers: comment donc pouvez-vous dire, que je sois seule, lorsque je me crois environnée de tout ce qu'il y a d'êtres dans le monde ?

DEMETRIUS.

Je vais m'enfuir loin de vous, & me cacher dans l'épaisseur des fougères, vous laissant à la merci des bêtes féroces.

HÉLENE.

La plus féroce n'a pas un cœur aussi cruel que le vôtre. Fuyez où vous voudrez; vous ne ferez que changer l'ancienne histoire : c'est Apollon qui fuit, & c'est Daphné qui poursuit Apollon; c'est la Colombe qui poursuit le Milan; la douce biche qui hâte sa course pour atteindre le tygre: vaine poursuite, quand c'est la timide foiblesse qui poursuit, & le courage qui fuit!

DEMETRIUS.

Je ne m'arrêterai plus à écouter vos inutiles discours. Laissez-moi m'en aller; ou, si vous me suivez, craignez de moi quelque outrage dans l'épaisseur du bois.

HÉLENE.

Hélas! dans le temple, dans la ville, dans les champs, par-tout vous m'outragez, par-tout vous me tourmentez: c'est une honte à vous, Demetrius. Vos affronts jettent un opprobre sur mon sexe; nous ne pouvons, comme les hommes, combattre pour venger l'amour. Nous devrions être courtisées, & nous n'avons pas été faites pour faire la cour. Je veux vous suivre, & faire de mon enfer un ciel, en mourant sur la main que j'aime si tendrement.

(*Ils sortent.*)

OBERON, *invisible.*

Nymphe, console-toi. Avant que je quitte ces bosquets, ce sera toi qui le fuiras, & ce sera lui qui recherchera ton amour.

COMÉDIE. 53

SCÈNE V.

PUCK *revient*.

OBERON.

As-tu la fleur? Sois le bien revenu, mon joli meſſager.

PUCK.

Oui, la voilà.

OBERON.

Je te prie, donne-la-moi. Je connois un terrein où croît le thym ſauvage, où la violette ſe balance auprès de la grande primevère, & qu'ombragent le ſuave chevrefeuil, de douces roſes parfumées & le bel églantier. Là dort Titania, à certaines heures de la nuit: là, lorſque les danſes & le plaiſir l'ont laſſée, elle s'aſſoupit ſur les fleurs: là, le ſerpent ſe dépouille de ſa peau tygrée, ceinture aſſez vaſte pour environner une Fée. Je veux frotter légèrement de ce ſuc les yeux de Titania, & lui remplir le cerveau d'odieuſes & biſarres fantaiſies. Prends-en auſſi un peu avec toi, & cherche dans ce boçage,

Une jeune & belle Athénienne est éprise d'un jeune homme qui la dédaigne ; mets-en sur les yeux de cet amant superbe ; mais aye soin de le faire au moment où tu pourras t'assurer que le premier objet qu'il verra pourra être une femme. Tu reconnoîtras l'homme aux habits Athéniens dont il est revêtu. Exécute ton opération avec quelques précautions, afin qu'il puisse devenir plus idolâtre d'elle, qu'elle ne l'est de lui ; & songe à venir me rejoindre avant le premier chant du coq.

PUCK.

N'ayez aucune inquiétude, mon souverain : votre humble serviteur exécutera vos ordres.

COMÉDIE.

SCÈNE VI.

Le Théâtre repréſente une autre partie du bois.

La REINE *des Fées paroît avec ſa Cour.*

LA REINE.

ALLONS, un rondeau (†), & un air de Fées & enſuite, avant la troiſieme partie d'une minute (§), chacune à vos fonctions : les unes, à tuer le ver caché dans le ſein odorant des boutons de roſe ; les autres à faire la guerre aux chauve-ſouris, pour avoir leurs aîles de peau, afin d'en habiller mes petits Sylphes ; d'autres, à écarter la chouette, qui, dans la nuit, nous inſulte de ſon cri ſiniſtre, étonnée de voir nos légers Eſprits. — Chantez maintenant

---

(†) Roundel, roundill, ou rondelai, ſignifie un rondeau, un couplet de chanſon, qui commence & finit par la même ſentence : *redit in orbem.* STEEVENS.

Roundel ſignifie auſſi une danſe en rond. TYRWHITT.

(§) Shakeſpeare a conſérvé dans toute la Pièce la même proportion avec ces mêmes êtres, pour qui une primevère eſt d'une haute taille, & une minute l'équivalent d'un ſiècle, relativement à leur pouvoir & leurs individus.

pour m'endormir; & après, laissez-moi reposer, & allez à vos offices.

PREMIERE FÉE.

Vous, serpens tachetés au double dard,
Epineux porcs-épics, ne vous montrez pas.
Lézards, aveugles reptiles, gardez-vous d'être
 malfaisans,
N'approchez pas de notre Reine.

CHŒUR DE FÉES.

Philomèle, commence ta douce mélodie,
Et par ton doux murmure appelle le sommeil.
Landore, Landore, Landore.
Que nul trouble, nul charme, nul maléfice
N'interrompe le repos de notre Reine.
Bon soir. Landore, &c.

SECONDE FÉE.

Araignées filandieres, n'approchez pas :
Loin d'ici, insectes aux longues jambes.
Éloignez-vous, noirs escarbots.
Ver, ou limaçon, n'offensez pas notre Reine.
(*Le Chœur répète son couplet.*)

PREMIERE

COMÉDIE

PREMIERE FÉE.

Allons, partons : tout eſt en ordre,
Qu'une de nous veille, ſentinelle ſuſpendue dans
l'air.

(*La Reine s'endort : les Fées ſortent.*)

SCÈNE VII.

TITANIA *endormie*, OBERON.

OBERON, *laiſſant tomber un philtre ſur les yeux de Titania.*

QUE l'objet que tu verrras, en t'éveillant,
Soit pour toi l'objet de ton amour :
Brûle & languis pour lui :
N'importe qu'il ſoit ours, ou tygre,
Léopard, ou ſanglier à la crinière hériſlée.
Tes yeux, à ton réveil,
Le prendront pour ton amant chéri.
Reveille-toi à l'approche du plus vil objet.
(*Oberon ſort.*)

Tome XV. Seconde Partie.

SCENE VIII.

LYSANDRE, HERMIA.

LYSANDRE.

MA belle amie, vous êtes fatiguée d'errer dans ce bois; & pour vous avouer la vérité, j'ai oublié le chemin : nous nous reposerons, Hermia, si vous le voulez, & nous attendrons ici la lumiere consolante du jour.

HERMIA.

Je le veux bien, Lysandre. Allez, cherchez un lit pour vous : moi, je vais reposer ma tête sur ce gazon.

LYSANDRE.

La même touffe de verdure nous servira d'oreiller à tous les deux : un seul cœur, un même lit, deux ames, & une seule foi.

HERMIA.

Non, cher Lysandre : pour l'amour de moi, mon

COMÉDIE.

cher, placez-vous plus loin encore; ne vous mettez pas si près de moi.

LYSANDRE.

O ma douce amie! prenez mes paroles dans le sens que leur donne mon innocence. Dans l'entretien des amans, que l'Amour, & non le soupçon, en soit l'interprête; j'entens que mon cœur est uni au vôtre, en sorte que nous pouvons des deux cœurs n'en faire qu'un; que nos deux ames se sont échangées par un serment, en sorte que ce n'est qu'une foi dans deux ames. Ne me refusez donc pas une place à vos côtés, pour me reposer; car, couché auprès de vous, Hermia, je ne songe point à la trahison (§).

HERMIA.

Malheur (†) à ma vertu & à ma fierté, si Hermia a voulu taxer Lysandre de trahison! Mais, mon aimable ami, au nom de la tendresse & de la complaisance, éloignez-vous un peu: cette séparation prescrite par la décence humaine, convient à un amant

---

(§) Au mensonge. Equivoque sur le mot *lye*, qui signe *être couché & mentir*.

(†) Le mot Anglois est *beshrew*, mot teuton: il paroît venir de *shrew-mouse*, musaragne, dont la morsure est réputée vénimeuse. TOLLET.

vertueux, & à une jeune vierge : oui, tenez-vous à cette diſtance ; & bon ſoir, mon bien-aimé ; que jamais ton amour ne finiſſe qu'avec ta précieuſe vie !

LYSANDRE.

Ma réponſe eſt : ô ciel ! exauce ſon vœu, & que ma vie finiſſe, quand finira ma fidélité ! Voici mon lit : que le ſommeil verſe ſur toi toutes ſes douceurs !

HERMIA.

Qu'il en partage la moitié à l'ami qui m'adreſſe ce ſouhait.

(*Ils s'endorment tous deux.*)

SCENE IX.

PUCK *ſeul.*

J'AI couru tout le bois ;
Et d'Athénien, je n'en ai trouvé aucun,
Sur les yeux de qui je puiſſe eſſayer
La force de cette fleur pour inſpirer l'amour.
Nuit & ſilence ! Que trouvai-je ici?

C'est l'homme que m'a désigné mon maître,
Et qui dédaigne une jeune Athénienne ;
Et la voici elle-même profondément endormie
Sur la terre humide & fangeuse.
Oh ! la jolie enfant : elle n'a pas osé se coucher
Près de ce cruel, de cet ennemi de la tendresse.
Jeune sauvage, je répands sur tes yeux
Tout le pouvoir que ce charme possède :
Qu'à ton réveil, l'amour défende au sommeil
De jamais fermer ta paupière.
Réveille-toi, dès que je serai parti
Il faut que j'aille retrouver Oberon.

SCÈNE X.

DEMETRIUS & HÉLENE *courant*.

HÉLENE.

ARRÊTE, cher Démetrius, dusses-tu me donner la mort !

DEMETRIUS.

Je te le défends ; ne m'approche pas ; ne me poursuis pas ainsi.

HÉLENE.

Oh ! aurois-tu le cœur de m'abandonner ici seule dans les ténèbres ? Ah ! ne m'abandonne pas !

DEMETRIUS.

Arrête, sous peine de ta vie : je veux m'en aller seul.

(Demetrius s'enfuit.)

SCÈNE XI.

HÉLENE *seule.*

OH ! je suis hors d'haleine, à force de le poursuivre en vain. Plus je le prie, & moins j'obtiens. Hermia est heureuse, en quelque lieu qu'elle se trouve; car elle a des yeux célestes, & qui attirent vers elle. O comment ses yeux sont-ils devenus si brillans ? Ce n'est pas à force de larmes : si cela étoit, mes yeux en ont été bien plus souvent arrosés que les siens. Non, non; je suis d'une laideur effrayante ; car les bêtes de ces bois qui me rencontrent, me fuient de peur. Il n'est donc pas étonnant que Demetrius, qui est un monstre sauvage, fuie aussi ma

COMÉDIE. 63

préfence. Quel miroir indigne & impofteur eft le mien, de m'avoir montrée à mes yeux d'une beauté comparable aux deux globes brillans des yeux d'Hermia! Mais, qui eft ici? Lyfandre, étendu fur la terre! Eft-il mort, ou endormi? Je ne vois point de fang, nulle bleffure. — Lyfandre, fi tu es vivant, bon Lyfandre, éveille-toi.

LYSANDRE, *s'éveillant*.

Et je traverferois les flammes pour l'amour de toi, ma bien-aimée. Tranfparente Hélene! la nature montre fon art & fa puiffance, en me faifant voir ton cœur à travers ton fein. Où eft Demetrius? Oh! que ce nom odieux eft bien celui d'un homme fait pour être immolé par mon épée!

HÉLENE.

Ne parlez pas ainfi, Lyfandre; ne vous arrêtez pas à cette idée: qu'importe qu'il aime votre Hermia? Lyfandre, que vous importe? Hermia n'aime que vous; ainfi, foyez content.

LYSANDRE.

Content avec Hermia? Non: je me repens des inftans ennuyeux que j'ai perdus avec elle. Ce n'eft point Hermia, c'eft Hélene que j'aime. Qui ne voudra pas changer un noir corbeau contre une blanche colombe ? La volonté de l'homme est gouvernée par la raison; & ma raison me dit, que vous êtes la plus digne d'être aimée. Les plantes qui croissent encore, ne sont pas mûres avant leur saison; & moi, avant ce jour, ma raison, dans sa jeunesse, n'étoit pas encore mûrie : mais à présent que je touche au tems de la perfection de mes organes & de mes sens, la raison devient le guide & la souveraine de ma volonté. Elle me conduit devant vos beaux yeux, où je lis les sentimens les plus tendres, écrits dans le plus riche livre d'amour.

HÉLENE.

Pourquoi suis-je née, pour être en butte à cette amère ironie ? Quand ai-je mérité d'essuyer de votre part ces mépris ? N'est-ce donc pas assez, jeune homme, que je n'aye jamais pu, que je ne puisse mériter un doux regard des yeux de Demetrius, sans qu'il faille encore que vous insultiez à ma disgrace ? De bonne-foi, vous me faites une injure ; oui, oui, vous me faites un outrage, en me faisant la cour d'une maniere ironique & méprisante ? Allez, prospérez ; mais je suis forcée d'avouer que je vous avois cru plus d'honneur & de sentimens. Oh ! se peut-il qu'une femme rebutée d'un homme, soit encore aussi cruellement insultée par un autre ?

SCÈNE

COMÉDIE. 65

SCÈNE XII.
LYSANDRE.
(HERMIA *est toujours endormie.*)

LYSANDRE.

ELLE ne voit point Hermia. — Hermia, continue de dormir ici, & puisses-tu ne jamais t'approcher de Lysandre! Car, comme l'excès des mets les plus délicieux porte à l'estomac le dégoût le plus invincible; comme les hérésies, que l'homme abjure, sont les plus détestées de ceux qu'elles ont long-tems trompés; de même, toi, objet de ma satiété & de ma pernicieuse erreur, sois haïe de tous, & sur-tout de moi! Et vous puissances de mon ame, adressez tout ce que vous avez d'énergie, de tendresse, & d'amour à l'honneur d'Hélene; je me dévoue avec vous, pour être son fidèle Chevalier.

(*Il sort.*)

SCÈNE VIII.

HERMIA, *se réveillant en sursaut.*

A mon secours, Lysandre! à mon secours! Oh! fais ton possible, pour arracher ce serpent qui rampe sur mon sein: hélas! à moi, aye pitié de moi. — Quel étoit ce songe! Lysandre, vois comme je tremble de frayeur! Il m'a semblé, qu'un serpent me dévoroit le cœur, & que toi, tu étois assis, souriant à mon cruel tourment. — Lysandre! quoi! est-il parti? Lysandre! cher amant! Quoi! il ne m'entend pas! Il m'auroit laissée? Quoi! pas un son, pas une parole! Hélas! où êtes-vous, Lysandre? Répondez-moi, si vous pouvez m'entendre: parlez-moi, au nom de tous les amours. Je suis prête à m'évanouir de terreur! — Personne! — Ah! je vois enfin, que tu n'es plus près de moi; il faut que je trouve à l'instant, ou la mort, ou toi. (*Elle sort éperdue.*)

Fin du second Acte.

ACTE III.

SCÈNE PREMIERE.

La Scène est dans un bois, aux environs d'Athènes (§).

QUINCE, SNUG, BOTTOM, FLUTE, SNOUT, STARVELING.

(*La Reine des Fées est endormie près de l'endroit où se rassemble cette troupe de Comédiens.*)

BOTTOM.

Sommes-nous tous rassemblés?

(§) Du tems de Shakespeare, il y avoit plusieurs troupes de Comédiens, souvent cinq à la fois, qui se disputoient la faveur du public. Il s'en trouvoit sûrement dans le nombre de bien misérables & de bien ignorans, & il est probable que le dessein de cette scène est de se moquer de leur ignorance, & des ridicules expédiens auxquels ils étoient forcés de recourir, pour suppléer à tout ce qui leur manquoit, pour des déco-

QUINCE.

Oui, oui ; & voici une place admirable, pour faire notre répétition. Ce gazon verd sera notre Théâtre ; ce buisson d'épines nos coulisses ; & nous allons jouer la Pièce, tout comme nous la jouerons devant le Duc.

BOTTOM.

Pierre Quince !

QUINCE.

Que dis-tu, taureau Bottom ?

BOTTOM.

Il y a dans cette Comédie de Pyrame & Thisbé des choses qui ne plairont jamais. D'abord, Pyrame doit tirer son épée & se tuer. Les Dames ne supporteront jamais cela. Qu'avez-vous à répondre ?

SNOUT.

Par Notre-Dame, cela leur fera une peur affreuse.

STARVELING.

Je suis d'avis que nous laissions-là la tuerie, pour quand tout sera fini.

---

rations convenables (*Properties*). Bottom étoit peut-être le chef d'une troupe rivale ; & c'est pour cela que le Poète l'honore d'une tête d'âne.

JOHNSON.

COMÉDIE.

BOTTOM.

Pas du tout. J'ai un expédient pour tout concilier. Écrivez-moi un Prologue, & que ce Prologue ait l'air de dire, que nous ne ferons aucun mal avec nos épées, & que Pyrame n'est pas tué tout de bon; & pour plus grande assurance, dites-leur que moi, qui fais Pyrame, je ne suis pas Pyrame, mais Bottom le tisserand : cela les rassurera tout-à-fait contre la peur.

QUINCE.

Allons, nous ferons ce Prologue; & il sera écrit en vers de huit & de six syllabes (§).

BOTTOM.

Non, ajoutez-en encore deux : qu'on le fasse en vers de huit.

SNOUT.

Et les Dames ne seront-elles pas effrayées du lion?

STARVELING.

Je le crains bien, je vous l'assure.

_____

(§) Dans un Sonnet, qui, comme on sait, ne peut avoir que quatorze vers. VIELAND.

BOTTOM.

Camarades, vous devez faire une réflexion. Amener sur la scène ; Dieu vous protège ! un lion parmi des Dames, c'est une des plus terribles choses ! car il n'y a pas de plus redoutable oiseau de proie, que votre lion, au moins ; & il faut que nous y fassions bien attention.

SNOUT.

Hé bien ! nous ferons un second Prologue, pour dire, que ce lion n'est pas un vrai lion.

BOTTOM.

Oh ! oui : il faut que vous nommiez son nom, & que l'on voye la moitié de son visage au travers du col & de la criniere du lion ; & il faut qu'il parle lui-même dans le lion, & qu'il dise ceci, ou autre adoucissement semblable. —— « Mesdames, ou belles Dames, je vous souhaiterois, ou je vous demanderois, ou, mieux encore, je vous prierois de ne pas avoir peur, de ne pas trembler ; je réponds de votre vie sur la mienne. Si vous croyez que je viens ici comme un lion, ce seroit exposer ma vie. Non, je ne suis rien de pareil ; je suis un homme tout comme les autres hommes »…. Et alors pour le prouver, qu'il dise son nom, & qu'il leur déclare tout net, qu'il est Snug le Menuisier.

QUINCE.

Allons, cela sera ainsi. Mais il y a encore deux points bien difficiles : c'est, d'abord, d'introduire le clair de lune dans une chambre ; car vous savez que Pyrame & Thisbé se rencontrent au clair de la lune.

SNUG.

La lune luira-t-elle la nuit que nous jouerons notre Pièce ?

BOTTOM.

Un almanach (§), un almanach : voyez dans l'almanach : trouvez le clair de lune, trouvez le clair de lune.

QUINCE.

Oui : il y aura de la lune cette nuit-là.

(§) Les Saxons avoient coutume de graver sur certains bois quarrés d'un pied de long, le cours de la lune pendant une année ; & ils pouvoient ainsi rendre compte des nouvelles, des pleines lunes, & de leurs jours de fête : ce bâton ainsi taillé, ils l'appelloient *almon-aght :* c'est-à-dire, *observation sur toutes les lunes.* De-là on fait dériver le nom d'*almanach.*

VERSTEGAND.

BOTTOM.

Alors, vous pouvez laisser une fenêtre de la grand'chambre où nous jouerons, ouverte; & le clair de lune pourra y entrer par la fenêtre.

QUINCE.

Oui : ou un homme peut venir avec un fagot d'épines & une lanterne, & dire qu'il vient pour représenter & figurer, ou défigurer le personnage du clair de lune. — Mais il y a encore une autre difficulté. Il nous faut une muraille dans la grande chambre; car Pyrame & Thisbé, dit l'histoire, se parloient au travers de la fente d'un mur.

SNUG.

Vous ne pourrez jamais amener une muraille sur la scène. Qu'en dites-vous, Bottom?

BOTTOM.

Le premier venu peut représenter une muraille : il n'a qu'à avoir quelque enduit de plâtre, ou d'argile, ou de crépi sur lui, pour figurer la muraille; ou bien encore, qu'il tienne ses doigts ainsi ouverts; & à travers ces fentes, Pyrame & Thisbé pourront se murmurer leurs amours.

QUINCE.

COMÉDIE.

QUINCE.

Si cela peut s'arranger, tout est en règle. —Allons, asseyez-vous tous, enfans de vos meres, & récitez vos rôles. Vous, Pyrame, commencez ; & quand vous aurez débité votre discours, vous entrerez dans ce buisson, & ainsi des autres, chacun à son tour, à la fin de son couplet.

SCÈNE II.

Les mêmes.

PUCK *entre sans être vu.*

PUCK.

Quelle est donc cette canaille incivile & patibulaire, qui vient ici faire son vacarme, si près du lit où repose la Reine des Fées ? Quoi ! une Pièce en jeu ? Je veux être de l'auditoire, & peut-être aussi y ferai-je acteur, si j'en trouve l'occasion.

QUINCE.

Parlez, Pyrame. — Thisbé, avancez.

Tome XV. Seconde Partie. K

PYRAME.

« Thisbé, la fleur des douces *odieuses* exhale un parfum suave.

QUINCE, *le reprenant*.

Odeurs, odeurs.

PYRAME.

—Des douces odeurs exhale un parfum suave: tel est celui de votre haleine, ma tendre & très-chère Thisbé. — Mais, écoutez: une voix ! — Restez ici un moment, & dans l'instant, je vais venir vous retrouver ». (*Il sort.*)

PUCK, *à part*.

Voilà le plus étrange Pyrame, qui ait jamais joué ici (§). (*Il sort.*)

THISBÉ.

Est-ce à mon tour de parler?

QUINCE.

Oui, vraiment ; c'est à vous : car, vous devez concevoir qu'il ne vous quitte, que pour voir d'où

(§) C'est-à-dire, sur le Théâtre où l'on jouoit cette farce.
STEEVENS.

COMÉDIE.

vient un bruit qu'il a entendu, & qu'il va revenir sur le champ.

THISBÉ.

« Très-radieux Pyrame, dont le teint a la blancheur des plus beaux lys, & dont les couleurs brillent comme la rose vermeille sur les ronces : vif & brillant jouvenceau, mon aimable & cher bien-aimé, aussi franc & d'aussi bonne race, que le meilleur & le plus infatigable coursier : — j'irai te trouver, Pyrame, à la tombe de *Ninny* (§).

QUINCE, *la reprenant.*

A la tombe de Ninus. — « Mais vous ne devez pas dire cela encore : c'est une réponse que vous avez à faire à Pyrame. Vous débitez tout votre rôle à la fois, les *réclames* & tout. — Pyrame, entrez : votre tour est venu : *infatigable coursier*, sont les derniers mots du couplet.

(§) Jeu de mots. *Ninny*, signifie un lourdaut.
WIELAND.

SCENE III.

Les mêmes.

PUCK *rentre, &* **BOTTOM** *affublé d'une tête d'âne.*

THISBÉ, *répétant la derniere phrase.*

—D'Aussi bonne race que le meilleur & le plus infatigable courfier.

PYRAME.

Si j'étois beau, Thifbé, je ne ferois jamais qu'à toi.

QUINCE, *appercevant Bottom.*

O monftrueufe vue! ô prodige étrange! nous fommes lutinés ici. — Vîte, camarades, fuyons: camarades, au fecours!

(*Toute la troupe s'enfuit.*)

PUCK.

Je vais vous fuivre; je vais vous faire tourner en cercle à travers les marécages, les buiffons, les ronces & les épines. Tantôt, je ferai cheval, & tantôt chien, pourceau, ours fans tête, & tantôt une

COMÉDIE. 77

flamme errante ; henniffant, aboyant, grondant, rugiffant, brûlant; cheval, chien, pourceau, ours, & feu tour-à-tour. (*Il fort.*)

BOTTOM.

Pourquoi donc s'enfuient-ils fi fort ? C'eft un tour qu'ils me jouent, pour me faire peur.

(*SNOUT rentre.*)

SNOUT.

O Bottom, comme te voilà métamorphofé ! Que vois-je donc-là fur tes épaules ? Une tête d'âne ?

BOTTOM.

Que vois-je, dis-tu ? Hé ! tu vois une tête d'âne, qui eft la tienne : n'eft-il pas vrai ? (*Snout fort.*)

(*QUINCE rentre.*)

QUINCE.

Dieu te beniffe, Bottom ! Dieu te béniffe ! Te voilà métamorphofé. (*Il fort.*)

BOTTOM, *feul.*

Je vois leur malice : ils veulent faire un âne de moi, pour m'effrayer, s'ils le peuvent. Mais, moi, je ne veux pas bouger de cette place, quoiqu'ils puiffent faire. Je vais me promener ici en long &

en large, & je vais chanter, afin qu'ils comprennent que je n'ai pas la moindre peur.

(*Il chante.*)

Le merle au noir plumage,
Au bec jaune comme l'orange,
La grive avec son chant si gai,
Le roitelet avec sa petite plume.

LA REINE, *s'éveillant.*

Quel ange me réveille sur mon lit de fleurs ?

BOTTOM, *chantant.*

Le pinson, le moineau & l'alouette,
Le gris coucou avec son plein-chant monotone,
Dont maint homme remarque la note,
Sans oser lui répondre, *non.*

Car en effet, qui voudroit compromettre son esprit avec un si fol oiseau ? Qui voudroit donner un démenti à un oiseau, quand il crieroit, *coucou*, à perte d'haleine ?

LA REINE.

Ah ! je te prie, aimable mortel, chante encore. Mon oreille est amoureuse de tes chants ; mes yeux sont épris de tes belles formes ; & la force de ton brillant mérite me contraint, malgré moi, de déclarer, à la premiere vue, de jurer que je t'aime.

BOTTOM.

Il me femble, Madame, que vous avez bien peu de raifon de m'aimer; & cependant, à dire la vérité, la raifon & l'amour ne vont guères aujourd'hui de compagnie : c'eft grand dommage, que quelques honnêtes voifins ne veuillent pas s'employer pour les reconcilier: je pourrois tromper (§), comme un autre, dans l'occafion.

LA REINE.

Tu es auffi fenfé, que tu es beau.

BOTTOM.

Oh! ni l'un ni l'autre. Mais fi j'avois feulement affez d'efprit pour fortir de ce bois, j'en aurois affez pour l'ufage que j'en veux faire.

LA REINE.

Ah ! ne défire pas de fortir de ce bois. Tu refteras ici, que tu le veuilles, ou non. Je fuis un Efprit au-deffus de la troupe vulgaire des Efprits.

(§) *Gleek* étoit originairement un jeu de cartes.

STEEVENS.

L'Été règne toujours fur mon empire; & moi, je t'adore: viens donc avec moi: je te donnerai des Fées pour te fervir de Pages: elles iront te chercher mille joyaux précieux dans l'abîme des eaux: elles chanteront, tandis que tu dormiras fur un doux lit de fleurs; & je faurai fi bien épurer les élémens groffiers de ta conftitution mortelle, que tu auras le vol & la légèreté d'un Efprit aérien —(*appellant les Fées*) Fleur de pois, Toile d'araignée, Mite, Graine de moutarde!

SCÈNE IV.

Les mêmes.

Quatre FÉES *fe préfentent.*

PREMIERE FÉE.

ME voilà à vos ordres.

SECONDE FÉE.

Et moi auffi.

TROISIÈME FÉE.

Et moi auffi.

QUATRIÈME

QUATRIÈME FÉE.

Et moi auſſi. Où faut-il aller ?

LA REINE.

Soyez prévenantes & polies pour cet aimable mortel. Danſez dans ſes promenades, gambadez à ſes yeux: nourriſſez-le de moëlleux abricots, & des tendres fruits des ronces, de grappes vermeilles, de figues vertes, & de douces mûres : dérobez aux groſſes abeilles leurs charges de miel, & dévaliſez la cire de leurs cuiſſes, pour en faire des flambeaux de nuit, que vous allumerez à l'œil radieux du ver luiſant (†) pour éclairer le coucher & le lever de mon bien-aimé ; arrachez les aîles légères des inſectes colorés, pour écarter les rayons de la lune de ſes yeux endormis. Inclinez-vous devant lui, Sylphes, & prodiguez-lui vos careſſes.

PREMIERE FÉE.

Salut, Mortel, Salut !

SECONDE FÉE.

Salut !

(†) Shakeſpeare ſe trompe ici, en plaçant dans l'œil du ver luiſant le phoſphore qu'il porte à ſa queue.

JOHNSON.

TROISIÈME FÉE.

Salut !

BOTTOM, *à une Fée.*

Je rends mille graces sincères à votre Altesse. — Je vous prie, quel est le nom de votre Altesse ?

UNE FÉE.

Toile d'araignée (†).

BOTTOM.

Je ferai charmé de lier avec vous une plus étroite connoissance. Cher Monsieur Toile d'araignée, si je me coupe le doigt, je ne m'en embarrasse plus, avec votre secours —— (*à une autre Fée.*) Votre nom, honnête Page ?

SECONDE FÉE.

Fleur de pois (§).

BOTTOM.

Je vous prie, recommandez-moi à maîtresse Cosse, votre mere, & à Monsieur Cosse, votre pere : cher Monsieur Fleur de pois, je veux que nous fassions

---

(†) Cobweb.
(§) Pease-Blossom.

COMÉDIE.

plus ample connoissance. — (*à une troisième Fée*) Votre nom, je vous en conjure, Monsieur?

TROISIÈME FÉE.

Graine de moutarde (†).

BOTTOM.

Bon Monsieur Graine de moutarde; je connois à merveille votre rare patience (§): ce lâche géant, ce dévorant *Rostbeef* a englouti plusieurs descendans de votre maison. Je vous promets que vos parens m'ont bien fait verser des larmes: nous lierons ensemble, mon cher Graine de moutarde.

LA REINE.

Allons, attachez-vous à sa suite : conduisez-le sous mon berceau. La lune me paroît nous regarder d'un œil humide ; & lorsqu'elle pleure, elle pleure les jeunes fleurs, & se lamente sur quelque virginité violée…. Enchaînez la langue de mon amant : conduisez-le en silence.

(*Ils sortent.*)

(†) Mustard-Seed.

(§) C'est-à-dire, la patience d'être toujours dans un moutardier, pour être mangée avec le bœuf, dont elle est la compagne inséparable. COLLINS.

SCÈNE V.

OBERON, *seul.*

JE brûle de favoir, fi Titania s'eft réveillée; & alors, quel a été le premier objet qui s'eft préfenté à fa vue, & dont il faut qu'elle fe paffionne jufqu'à la fureur.

SCENE VI.

OBERON, PUCK.

OBERON,

VOICI mon courrier. — Hé bien, folâtre Efprit, quel amufement nocturne trouverons-nous dans ce bois enchanté?

PUCK.

Ma maîtreffe eft éprife d'amour pour un monftre. Près de la retraite de fon berceau facré, à l'heure où elle-étoit plongée dans le fommeil le plus profond & le plus infenfible, une horde de vauriens, artisans grossiers, qui travaillent tout le jour pour du pain dans les échoppes d'Athènes, se sont rassemblés pour faire la répétition d'une Pièce destinée à être jouée le jour des nôces de Théſée. Le plus épais & le plus ignorant de cette troupe de misérables fous, qui représentoit Pyrame, au milieu de la Pièce a abandonné le lieu de la scène, & est entré dans un hallier : là, je l'ai surpris à mon avantage, & je lui ai planté une tête d'âne sur la sienne. Cependant, son tour est venu de répondre à sa Thisbé : alors, mon grotesque acteur revient sur la scène. Aussi tôt que ses camarades l'apperçoivent, comme une troupe d'oisons sauvages, qui ont apperçu l'oiseleur s'approcher en rampant terre à terre, ou comme une compagnie de corneilles à la tête hupée, qui se levent & crient au bruit d'une décharge, & se séparent, & évacuent en désordre la plaine de l'air; de même, à sa vue, tous se sont enfuis de tous côtés; & chacun d'eux tombe l'un après l'autre, à l'impression de mon pied sur la terre (†). Lui, crie au meurtre, & invoque à grands cris du secours d'Athènes. Dans le trouble de leurs sens,

―――――――――――――――――――

(†) *Vero saltum adeo profundè in terram impresserant, ut locus insigni ardore orbiculariter peresus non parit arenti redivivum sespite gramen.* Olaus magnus.

écrasés par la force de leurs terreurs, j'ai armé contre eux les objets inanimés. Les ronces & les épines arrachent & déchirent leurs habits, emportent à l'un ses manches, à l'autre son chapeau: tout les quitte & les laisse dépouillés. Je les ai conduits ainsi dans le délire de la peur, & j'ai laissé ici le beau Pyrame sous sa métamorphose; & le hasard a voulu que, dans ce moment même, Titania se soit réveillée, elle a pris aussi-tôt de l'amour pour un âne.

OBERON.

L'événement surpasse mes espérances. — Mais, as-tu oint les yeux de l'Athénien de ce philtre d'amour, comme je te l'avois ordonné?

PUCK.

Je l'ai surpris dormant: — c'est une chose faite aussi; & la jeune Athénienne est à ses côtés; de façon qu'il faut nécessairement qu'à son réveil, ses yeux l'apperçoivent.

COMÉDIE. 87

SCÈNE VII.

Les mêmes.

DEMETRIUS, HERMIA.

OBERON.

Reste coi : voici justement l'Athénien.

PUCK.

C'est bien la femme : mais l'homme n'est pas le même.

DEMETRIUS.

Ah ! pourquoi rebutez-vous ainsi un amant qui vous aime ? Gardez ces rigueurs pour votre plus cruel ennemi.

HERMIA.

Tu n'essuies de moi que des reproches ; mais je voudrois pouvoir te maltraiter d'avantage ; car tu m'as donné, j'en ai bien peur, un grand sujet de te maudire. Si tu as assassiné Lysandre au milieu de son sommeil ; déja enfoncé à moitié dans le sang, achève de t'y plonger jusqu'à la tête, & tue-moi aussi. Le soleil n'est pas aussi fidèle au jour, qu'il l'étoit pour moi. — Auroit-il jamais abandonné son Hermia endormie ? Je croirai plutôt qu'on peut percer d'outre en outre le globe entier de la terre, & que la lune peut descendre à travers son centre, & aller à midi se présenter chez les Antipodes à son frere étonné & mécontent. Il faut absolument que tu l'ayes massacré: tu as le regard d'un meurtrier; ton œil est sombre & homicide.

DEMETRIUS.

Dites le regard d'un mourant, percé au cœur par le trait de votre barbarie; & cependant, vous, qui m'assassinez, votre œil est aussi brillant, aussi pur, que l'est Vénus là-bas dans sa pâle sphère du crépuscule.

HERMIA.

Qu'importe à mon cher Lysandre? — Où est-il? Ah! bon Demetrius! veux-tu me le rendre?

DEMETRIUS.

J'aimerois mieux donner son cadavre à mes chiens.

HERMIA.

Loin de moi, dogue féroce; loin de moi. Tu l'as donc tué? Sois donc pour jamais rayé du nombre

des

des humains ! Oh ! dis-moi, dis-moi une fois, une seule fois la vérité, par pitié pour moi. As-tu osé, les yeux ouverts, le fixer endormi, & l'égorger dans son sommeil ? O le brave exploit ! Un serpent, le plus vil reptile en pouvoit faire autant. Oui, c'est un serpent qui a fait ce coup : car jamais serpent ne blessa d'un double dard plus empoisonné, que le tien, monstrueux reptile.

DEMETRIUS.

Vous épuisez les emportemens de votre colere sur une méprise. Je ne suis point coupable du sang de Lysandre ; & autant que je puisse savoir, il n'est point mort.

HERMIA.

Ah ! dites-moi donc, je vous en conjure, qu'il vit & qu'il est en santé.

DEMETRIUS.

Si je puis vous l'assurer, que gagnerai-je à vous le dire ?

HERMIA.

Le privilége de ne me plus revoir jamais. — Et je fuis à l'instant ta présence abhorrée : songe à m'éviter, soit qu'il soit mort, ou vivant.

(*Elle s'en va.*)

SCÈNE VIII.

DEMETRIUS, OBERON, PUCK.

DEMETRIUS.

Il eſt inutile de vouloir la ſuivre dans cet accès de courroux. Je vais donc me repoſer ici quelques momens. Ainſi, le poids du chagrin devient plus accablant encore, lorſque le ſommeil perfide refuſe de lui payer ſa dette; peut-être en ce moment s'a-quittera-t-il de quelques heures avec moi, ſi je fais ici quelque ſéjour pour attendre ſa complaiſance.

(Il ſe couche.)

OBERON, à PUCK.

Qu'as-tu fait? Tu t'es mépris du tout au tout; & tu as placé le philtre d'amour ſur les yeux d'un amant fidèle. Ainſi, l'effet néceſſaire de ta mépriſe eſt de changer un amour ſincère en amour perfide, & non pas un amour perfide en amour ſincère.

PUCK.

C'eſt le deſtin qui gouverne les événemens, &

COMÉDIE.

qui fait, que pour un amant qui garde sa foi, mille autres la violent, & entassent parjures sur parjures.

OBERON.

Va, parcours le bois plus vîte que le vent, & vois à découvrir Hélene d'Athènes : elle est toute malade d'amour, & pâle, épuisée de soupirs brûlans, qui ont dépouillé son sang de son baume & de sa fraîcheur. Tâche de l'amener ici par quelque enchantement ; je charmerai les yeux du jeune-homme qu'elle aime, avant qu'elle reparoisse à sa vue.

PUCK.

J'y vais, j'y vais : vois, comme je vole plus rapidement que la flèche décochée de l'arc d'un Tartare.

(Il sort.)

SCÈNE IX.

OBERON, *seul.*

(*Il verse un suc de fleur sur les yeux de Demetrius.*)

FLEUR de couleur de pourpre,
Blessée par l'arc de Cupidon,
Plonge dans le globe de son œil !
Quand il cherchera son amante,
Qu'elle brille à ses regards du même éclat
Dont Vénus brille dans les Cieux.
Si, à ton réveil, elle est auprès de toi,
Implore d'elle ton remède.

SCENE X.

OBERON. PUCK *revient.*

PUCK.

CAPITAINE de notre bande légère,
Hélene est ici à deux pas;
Et le jeune-homme, victime de ma méprise,

COMÉDIE.

Preſſe le ſalaire de ſon amour.
Verrons-nous la ſcène de leurs riſibles erreurs?
Maître, que ces mortels ſont fous!

OBERON.

Range-toi à l'écart: le bruit qu'ils font, va réveiller Demetrius.

PUCK.

Hé bien, ils feront deux alors à courtiſer une femme. Cela doit faire un ſpectacle amuſant; & rien ne me plaît tant, que ces accidens biſarres & imprévus.

SCÈNE XI.

Les mêmes.

LYSANDRE, & HÉLENE.

LYSANDRE.

Pourquoi imaginer, que je me fais un jeu inſultant de vous rechercher? Jamais le dédain & le mépris ne ſe manifeſtent par des larmes: voyez; quand je vous jure mon amour, je pleure: des ſermens nés dans les pleurs ont toute l'apparence de la sincérité ; & comment pouvez-vous voir des signes de mépris dans des symboles évidens de tendresse & de foi ?

HÉLENE.

Vous suivez de plus en plus votre projet de perfidie. Quand la vérité tue la vérité, quel combat à la fois infernal & céleste ! Ces vœux sont pour Hermia : voulez-vous donc l'abandonner ? Pesez sermens contre sermens, & vous ne peserez qu'un néant. Vos sermens, pour elle & pour moi, mis dans une balance, seront d'un égal poids ; & tout aussi légers que de vaines paroles.

LYSANDRE.

Je n'avois pas de discernement, lorsque je lui ai juré ma foi.

HÉLENE.

Et vous n'en avez pas plus, à mon avis, maintenant que vous la délaissez.

LYSANDRE.

Demetrius l'aime, & lui ne vous aime point.

DEEMETRIUS, *se reveillant*.

O Hélene ! Déesse, Nymphe accomplie & divine !

COMÉDIE. 95

A quoi, ma bien-aimée, à quoi pourrois-je comparer ton bel œil? Le cryſtal même eſt impur & trouble. O quel charme ſur tes lèvres! Vermeilles comme deux ceriſes mûres, comme elles tentent & appellent le baiſer! Quand tu ſoulèves ta belle main, la neige blanche & pure glacée ſur la cîme du Taurus, & careſſée par le vent d'orient, paroît noire comme le plumage du corbeau. Oh! permets que je baiſe cette merveille de blancheur éblouiſſante, & le ſceau de la félicité.

HÉLENE.

O malice infernale! Je vois bien que vous êtes tous ligués contre moi, pour vous faire un jouet de mon malheur. Si vous étiez honnêtes & bien nés, vous ne vous acharneriez pas ainſi à me vexer. Ne vous ſuffit-il pas de me haïr, comme je ſai que vous me haïſſez, ſans vous liguer enſemble dans le projet de m'inſulter? Si vous étiez des hommes, comme vous en avez la figure, vous ne traiteriez pas ainſi une jeune & honnête perſonne de mon ſexe. Venir me jurer de l'amour, & exagérer ma beauté, lorſque je ſuis ſûre, que vous me haïſſez de tout votre cœur! Vous êtes tous deux rivaux amans d'Hermia, & tous deux, en ce moment, vous diſputez à l'envi, à qui inſultera le plus la malheureuſe

Hélene. Voilà un noble exploit! C'eſt une entre-priſe bien digne de braves Cavaliers, de faire couler les larmes d'une fille infortunée, par vos mépris & votre dériſion! Non, des hommes mieux élevés & d'un cœur plus noble, n'auroient jamais offenſé ainſi une jeune fille ; jamais ils n'auroient tourmenté la patience d'une ame déſolée, comme vous faites, uniquement pour vous faire un jeu de ma peine.

LYSANDRE.

Votre procédé n'eſt pas honnéte, Demetrius : n'en agiſſez pas ainſi. Car vous aimez Hermia : c'eſt une choſe, que vous n'ignorez pas, & que je ſai ; & ici même, bien volontiers & de tout mon cœur, je vous cède ma part de l'amour d'Hermia : léguez-moi en retour la vôtre dans l'amour d'Hélene, que j'adore, & que j'aimerai juſqu'au trépas.

HÉLENE.

Jamais railleurs impitoyables ne s'obſtinèrent da-vantage à perdre de vaines paroles.

DEMETRIUS.

Lyſandre, garde ton Hermia ; je n'en veux point : ſi je l'aimai jamais, cet amour eſt tout-à-fait anéanti. Mon cœur n'a fait que ſéjourner avec elle en paſ-ſant, comme un hôte étranger ; & maintenant il

eſt

est retourné à Hélene, comme dans son élément natal, pour s'y fixer à jamais.

LYSANDRE.
Hélene, ne le crois pas.

DEMETRIUS.
Ne calomnie pas la foi que tu ne connois pas, de crainte qu'à tes périls, tu ne le payes cher. — Regarde de ce côté : voilà ton amante qui vient.

SCÈNE XI.

Les mêmes.

HERMIA.

HERMIA.
Nuit sombre, si tu suspends l'usage des yeux, tu rends l'oreille plus sensible aux sons : en affoiblissant un sens, tu en dédommages l'homme, en perfectionnant l'autre. — Ce ne sont pas mes yeux, Lysandre, qui t'ont découvert : c'est mon oreille, & je lui en rends graces, qui m'a guidé vers toi au son de ta voix. Mais, pourquoi m'as-tu quittée si désobligeamment ?

LYSANDRE.

Pourquoi resteroit-il, celui que l'amour presse de marcher?

HERMIA.

Et quel amour pouvoit forcer Lysandre à s'éloigner de mes côtés?

LYSANDRE.

L'amour de Lysandre, & qui ne lui permettoit pas de rester, c'étoit la belle Hélene; Hélene qui rend la nuit plus brillante, que tous ces globes enflammés, & tous ces yeux de lumiere attachés au firmament. Pourquoi me cherches-tu? Cette démarche ne te faisoit-elle pas assez connoître, que c'étoit la haine que je te portois, qui m'a fait te quitter ainsi?

HERMIA.

Vous ne pensez pas ce que vous dites: cela est impossible.

HÉLENE.

Voyez: elle aussi est du complot! Je le vois bien à présent, qu'ils se sont concertés tous les trois, pour arranger cette scène de dérision à mes dépens.

Outrageuſe Hermia ! fille ingrate ! as-tu donc conſ-piré, as-tu complotté avec ces cruels de me faire ſubir cette inſulte ignominieuſe ? Eſt-ce-là le prix de cette familiarité, de cette confiance mutuelle de nos deux cœurs, de ces vœux de nous aimer comme deux ſœurs, de tant de douces heures que nous paſ-ſions enſemble, & où nous reprochions au tems de trop hâter ſa marche & l'inſtant où il falloit nous ſéparer ; oh ! tout cela eſt-il oublié ? & cette tendre amitié commencée aux écoles ; & cette innocence des jeux de notre enfance ? Hermia, nous avons, par un art égal au pouvoir des Dieux, créé toutes les deux avec nos aiguilles une même fleur, ſur un ſeul modèle, aſſiſes ſur un ſeul couſſin, & chan-tant une même chanſon, ſur un même air, comme ſi nos mains, nos perſonnes, nos voix & nos ames n'euſſent appartenu qu'à un ſeul & même corps : c'eſt ainſi que nous avons grandi enſemble, comme deux ceriſes jumelles, en apparence ſéparées ; mais dans leur ſéparation unies & ſortant de la même tige : on voyoit deux corps, mais qui n'avoient qu'un cœur (§) ; & tu veux rompre violemment le

« (§) Deux quartiers de cottes d'armoiries dans le blazon, qui n'appartiennent qu'à un ſeul écu, & qui ſont couronnés d'une ſeule couronne ».

nœud de notre ancienne tendreſſe, pour te joindre à des hommes dans l'odieux complot d'outrager & de baffouer ta pauvre amie? Oh! ce n'eſt pas-là le procédé d'une amie, d'une jeune fille honnête: tout notre ſexe a droit, auſſi-bien que moi, de te reprocher ce traitement, quoique je ſois la ſeule qui en reſſente l'outrage.

HERMIA.

Je ſuis confondue d'étonnement d'entendre vos reproches amers: je ne vous inſulte point : il me ſemble plutôt, que c'eſt vous qui vous raillez de moi.

HÉLENE.

N'avez-vous pas excité Lyſandre à ſe faire un jeu de m'inſulter, en s'attachant à mes pas, & de vanter par ironie, mes yeux & ma beauté? Et n'avez-vous pas engagé votre autre amant, Demetrius, qui, juſqu'à ce moment, m'auroit volontiers repouſſée d'un pied brutal & mépriſant, à m'appeller *Déeſſe*, *Nymphe*, *divine & rare merveille*, *beauté céleſte & ſans prix!* Pourquoi m'adreſſe-t-il ce langage, à moi qu'il hait? Et pourquoi Lyſandre rejette-t-il votre amour, fi bien établi dans ſon cœur, pour me l'offrir à moi ; fi ce n'eſt pas d'après votre inſtigation, & de votre confentement ? Si je n'ai pas autant de graces que vous, vous fi recherchée des amans, fi heureufe & fi riche, n'en fuis-je pas trop punie ? Aimer fans être aimée, n'eft-ce pas pour moi le comble du malheur ? Ce fort affreux devroit exciter votre pitié, plutôt que vos mépris !

HERMIA.

Je ne puis comprendre ce que vous voulez dire.

HÉLENE.

Oui, oui; continuez, continuez d'affecter un air férieux & furpris: lancez-vous des coups-d'œil, dès que je tourne le dos ; faites-vous l'un à l'autre des fignes d'intelligence. Faites durer cette farce qui vous amufe tant ; il en fera parlé dans le monde, de cette fcène fi bien filée. —— Si vous aviez quelque pitié, quelque générofité dans l'ame, quelque fentiment des procédés honnêtes, vous ne feriez pas un fi vil abus de ma perfonne. Mais, adieu, je vous laiffe : c'eft auffi en partie ma faute ; & la mort, ou l'abfence en feront bientôt le remède.

LYSANDRE.

Arrêtez, aimable Hélene : écoutez mon excufe,

ma bien-aimée, ma vie, mon ame, belle & chère Hélene.

HÉLENE.

O l'admirable tour!

HERMIA, à LYSANDRE.

Cher amant, ne l'infulte pas de ces ironies.

DEMETRIUS.

Si elle ne l'obtient pas de bon gré, je puis l'y forcer, lui.

LYSANDRE.

Tu ne peux pas plus m'y forcer, qu'Hermia l'obtenir en priant. Tes menaces n'ont pas plus de force, que fes impuiffantes prières. —Hélene, je t'adore; oui fur ma vie, je t'aime; je le jure fur ma vie, que je veux perdre pour toi, pour convaincre de menfonge celui qui ofera dire, que je ne t'aime pas.

DEMETRIUS, à HÉLENE.

Je te protefte, que je t'aime plus, qu'il ne peut t'aimer.

LYSANDRE.

Si tu parles ainfi, viens à l'écart, & prouve-le-moi.

COMÉDIE.

DEMETRIUS.

Allons, sur le champ, viens.

HERMIA, *s'attachant à Lysandre.*

Lysandre, où peut tendre ce débat?

LYSANDRE.

Loin de moi, noire Éthiopienne.

DEMETRIUS.

Non: ne craignez pas; il fait semblant de vouloir s'arracher de vos mains. — (*à Lysandre*) Allons, faites comme si vous vouliez me suivre : mais cependant, ne venez pas. — Vous êtes un humain fort doux : cela est sûr.

LYSANDRE, *à Hermia, qui s'efforce de le retenir.*

Lâche-moi, fille effrontée; vile créature, laisse-moi libre, ou je vais te secouer de moi, comme un serpent odieux.

HERMIA.

Pourquoi donc êtes-vous devenu si dur pour moi? Que veut dire ce changement, mon cher amant?

LYSANDRE.

Ton amant ? Loin de moi laide Tartare ; loin de moi : loin , objet de dégoût ! potion amère & révoltante , fuis de mes lèvres.

HERMIA.

Ne plaisantes-tu pas ?

HÉLENE.

Oh ! sûrement, il plaisante , & vous aussi.

LYSANDRE.

Demetrius , je veux tenir la parole que j'ai engagée avec toi.

DEMETRIUS.

Je voudrois en avoir votre obligation bien en forme ; car je m'apperçois qu'un foible lien vous retient : non , je ne veux pas me fier à votre parole.

LYSANDRE.

Quoi ! voulez-vous que je la blesse, que je la frappe, que je la tue ? Quoique je la haïsse, je ne veux pas la maltraiter si lâchement.

HERMIA.

Et quel mal plus grand peux-tu me faire, que
de

de me haïr?... Me haïr ! & pourquoi ? O malheureuse que je suis! Quel changement étrange, mon amant! Ne suis-je pas Hermia? N'es-tu pas Lysandre? Je suis aussi belle encore, que je l'ai été jusqu'à présent : il n'y a qu'une nuit que tu m'aimois ; & cependant, c'est cette nuit-là que tu m'as laissée. Hélas! tu m'as donc laissée ; ô que les Dieux ne le permettent pas ! Le dirai-je : que c'étoit sérieusement, & pour me fuir?

LYSANDRE.

Oui, sur ma vie ; & je n'ai jamais désiré de te revoir davantage : ainsi, renonce à toute espérance, tranche les questions & les doutes. Sois-en bien assurée ; rien n'est plus vrai : ce n'est point un jeu ; c'est une vérité, que je t'abhorre, & que j'aime Hélene.

HERMIA.

Ah! malheureuse que je suis! — (*à Hélene*) Toi, vile enchanteresse, insecte qui ronges la rose, voleuse d'amour; quoi ! tu t'es donc glissée dans l'ombre de la nuit, & tu m'as volé le cœur de mon amant?

HÉLENE.

Oh! cela vous va bien, en vérité ! N'avez-vous

aucun sentiment de modestie, aucune pudeur de votre sexe, nulle teinte de décence & de réserve? Quoi! voulez-vous arracher de ma langue patiente, des réponses de colère & de fureur? Cela est honteux, honteux! Vous jouez, vous jouez comme une vile Marionette.

HERMIA.

Une Marionette? Pourquoi cette épithète? —Oui, voilà le nœud : je reconnois maintenant qu'elle a fait comparaison de nos tailles, qu'elle a exalté la hauteur de la sienne; & qu'avec l'avantage de sa taille; oui, de sa taille; oh! sûrement, elle a forcé la préférence de mon amant: & êtes-vous donc montée si haut dans son estime, parce que je suis petite, & d'une stature moins avantageuse? —Hé! te parois-je donc si petite, bâton enjolivé de la fête de Mai? Suis-je donc si naine? Non, je ne suis pas si petite, que mes ongles ne puissent atteindre à tes yeux.

HÉLENE.

Je vous prie, honnêtes Cavaliers, contentez-vous de me faire votre jouet; mais du moins, empêchez qu'elle ne me blesse : jamais je ne fus une femme querelleuse, jamais je n'eus de talent pour les rixes;

je suis une fille timide & sans courage pour me battre:
empêchez-la de me frapper. Vous pourriez croire
peut-être, parce qu'elle est un peu plus petite que
moi, que je suis en état de lui tenir tête.

HERMIA.

Plus petite ! Vous voyez ; elle le répète encore.

HÉLENE.

Bonne Hermia, ne sois pas si dure pour moi ;
je t'ai toujours aimée, Hermia ; toujours j'ai gardé
fidèlement tes secrets ; jamais je ne t'ai fait la
moindre offense, point d'autre, que d'avoir dit à
Demetrius, forcée par mon amour pour lui, que
tu t'étois sauvée dans ce bois : il t'a suivie : l'amour
me l'a fait suivre; mais lui m'a forcé de le fuir, &
il m'a menacée de me maltraiter, de me fouler aux
pieds, & même de me tuer ; & maintenant, si vous
voulez me laisser en liberté, je vais reporter ma
folle passion dans Athènes, & je ne vous suivrai plus.
Laissez-moi m'en aller ; vous voyez combien je suis
simple, & combien je suis folle de tendresse.

HERMIA.

Hé bien, partez : qui vous retient ?

HÉLENE.

Un cœur insensé, que je laisse ici derriere moi !

HERMIA.

Avec qui? avec Lyſandre?

HÉLENE.

Avec Demetrius.

LYSANDRE.

Ne t'effraie point, chere Hélene; elle ne te fera aucun outrage.

DEMETRIUS.

Non, certes; elle ne lui en fera aucun, quand vous prendriez ſon parti.

HÉLENE.

Oh! quand elle eſt en colère, elle eſt méchante & furieuſe: c'étoit une petite querelleuſe, quand elle étoit aux écoles; & quoiqu'elle ſoit d'une petite ſtature, elle eſt ardente & colère.

HERMIA.

Encore ſur ma ſtature? Toujours parler de ma petiteſſe? Quoi! ſouffrirez-vous, qu'elle m'inſulte ainſi? Laiſſez-moi la joindre.

LYSANDRE.

Délogez d'ici, petite naine, petit embryon, herbe malfaiſante (†), petit grain, petit épi.

(†) *Nouée par la ſanguinaire.* Il paroît que l'on attribuoit an-

DEMETRIUS.

Vous êtes trop officieux, pour obliger celle qui dédaigna vos services : laissez-la à elle-même. Ne parlez point d'Hélene : ne prenez point son parti; car si jamais vous prétendez lui donner le moindre signe d'amour, vous le paierez cher.

LYSANDRE.

Hé bien, à préfent, elle ne me retient plus : voyons, fuivez-moi, si vous l'ofez, & allons décider qui de nous deux a le plus de droit au cœur d'Hélene.

DEMETRIUS.

Te fuivre? Je vais t'accompagner de front.

(*LYSANDRE & DEMETRIUS fortent pour aller fe battre.*)

HERMIA.

Hé bien! c'eft pourtant vous, belle perfonne, qui êtes la caufe de cette querelle. Non, ne t'en va pas.

HÉLENE.

Je ne me fie point à vous, & je ne refterai pas

---

ciennement à la fanguinaire la vertu de nouer la croiffance d'un enfant, ou d'un animal.

plus long-tems dans ta compagnie turbulente & dangereuse: tes mains sont plus vives aux coups que les miennes: mais, mes jambes sont plus longues pour l'éviter.

HERMIA.

Je suis confondue, & ne sai que dire.

(*Elles sortent; Hermia poursuit Hélène.*)

SCÈNE XII.

OBERON & PUCK, *restés seuls.*

OBERON.

Voila l'ouvrage de ta négligence: tu fais toujours des bévues, ou bien tu fais exprès des tours de scélératesse.

PUCK.

Croyez-moi, Roi des fantômes, c'est une méprise involontaire. Ne m'avez-vous pas dit, que je reconnoîtrois l'homme à son costume Athénien? Et je suis si innocent dans l'erreur que j'ai commise, que c'est en effet un Athénien dont j'ai charmé les yeux avec votre philtre : & je fuis bien aife moi, que le fort m'ait adreffé à lui, dans l'idée où je fuis que cette fcène de difputes vous aura fervi d'a- mufement.

OBERON.

Tu vois, que ces Amans cherchent un lieu pour fe battre : hâte-toi donc, Robin, pars ; redouble l'obfcurité de la nuit, couvre à l'inftant la voûte étoilée d'un épais brouillard, d'une vapeur humide & noire comme l'Achéron ; & dans les ténèbres, promene, égare fi bien ces rivaux acharnés, que l'un ne puiffe jamais fe rencontrer dans le chemin de l'autre : tantôt forme ta langue à parler comme la voix de Lyfandre, & alors, provoque Démétrius par des défis amers & ironiques ; tantôt raille Ly- fandre d'une voix qui imite celle de Démétrius ; & éloigne les fans ceffe de la vue l'un de l'autre, tant qu'à la fin, à force de fatigue, le fommeil, fous l'image de la mort, s'abaiffe fur leurs paupieres, les couvre de fes aîles & péfe fur eux de fon poids de plomb : alors, preffe le fuc de cette herbe, & infinue-le dans les yeux de Lyfandre. Cette liqueur a la vertu falutaire d'ôter de la vue le charme & l'illufion qui la fafcinent, & de rendre au globe de l'œil fes fenfations & fa vifion naturelle. — Lorfqu'ils viendront à se réveiller, toute cette scène de dérision leur paroîtra un vain songe, une vision imaginaire; & ces amans reprendront le chemin d'Athènes dans une société d'amitié, qui ne finira qu'avec leur vie. Tandis que je te charge de cette opération, moi, je vais rejoindre ma Reine, & lui demander son petit Indien; & après je désenchanterai ses yeux, & lui ferai reconnoître l'erreur de sa passion pour le monstre dont elle s'est éprise; & la paix sera rétablie par-tout.

PUCK.

Mon puissant Souverain, il faut nous hâter d'exécuter cette tâche; car les dragons de la nuit fendent à plein vol les nuages & les ombres, & voyez l'avant-coureur de l'aurore qui brille déja là-bas! A son approche, vous le savez, les spectres qui erroient çà & là, s'enfuient par troupes vers les cimetieres, & s'y replongent. Toutes les Ombres des Suicides (†) maudits, qui ont leur sépulture dans les carrefours &

___

(†) Les fantômes des Suicides, qui sont enterrés dans les carrefours, & de ceux qui, s'étant noyés, étoient condamnés suivant l'opinion des anciens, à errer l'espace de cent ans, parce que les rites de la sépulture n'avoient pas été accomplis.
STEEVENS.

les étangs, font déja rentrés dans leurs bières rongées des vers: ils craignent que le jour ne les surprenne & ne montre leurs formes ignominieuses, & ils s'exilent volontairement eux-mêmes de la lumiere, condamnés à être les compagnons éternels de la sombre nuit.

OBERON.

Mais nous, nous sommes des Esprits d'un autre ordre. Moi, j'ai souvent joué avec la lumiere du matin; & je puis, comme un Garde-forêt, fouler le sol des bois, même jusqu'à l'instant où la porte de l'orient, toute rouge de feux, venant à s'ouvrir & à verser sur Neptune ses heureux & beaux rayons, change en or blond ses vertes ondes. Mais cependant, hâte-toi; ne perds pas un instant: nous pouvons encore achever cette opération avant le jour.

(Oberon sort.)

PUCK, *seul.*

Par monts & par vaux
Je vais les mener sans nul repos.
Dans les villes, dans les plaines,
Par-tout on me craint;
Goublin, conduis-les par monts & par vaux,
Sans nul repos.

En voici un.

SCÈNE XIII.

PUCK, LYSANDRE.

LYSANDRE.

Où es-tu donc, orgueilleux Demetrius ? Réponds-moi.

PUCK, *contrefaisant Demetrius*.

Me voici, lâche : en garde, & défends-toi. Où es-tu ?

LYSANDRE.

Je vais te joindre tout-à-l'heure.

PUCK.

Suis-moi donc fur un terrein plus uni.

(*Lysandre court après Puck, croyant poursuivre Demetrius.*)

SCÈNE XIV.

PUCK, DEMETRIUS.

DEMETRIUS, *appellant.*

Lysandre ! — Réponds-moi encore : lâche fuyard, où t'es-tu donc sauvé ? Parle. Quoi ! dans un buisson. Est-ce-là que tu caches ta tête ?

PUCK, *contrefaisant Lysandre.*

Et toi, poltron, qui te vantes ici aux étoiles; tu dis aux buissons que tu cherches la guerre, & tu ne veux pas m'approcher ? Viens donc, perfide, viens, timide enfant; je vais te châtier avec une verge : c'est se déshonorer, que de tirer l'épée contre toi.

DEMETRIUS.

Ha ! es-tu-là ?

PUCK.

Suis ma voix : ce n'est pas ici une place propre à essayer notre courage.

(*Ils sortent tous deux.*)

SCÈNE XV.

LYSANDRE *reparoît seul.*

IL fuit toujours devant moi, & toujours en me défiant : lorsque j'arrive au lieu d'où il me provoque, je le trouve parti. Le lâche a le pied bien plus léger que moi ; je l'ai suivi de toute ma vîtesse ; mais il étoit encore plus prompt à m'éviter, & je me suis à la fin engagé dans ce sentier sombre & raboteux : je veux me reposer ici. — Hâte-toi, jour bienfaisant (*Il se couche sur la terre.*) Pour peu que tu me montres les premiers traits de ta lumiere naissante, je saurai trouver Demetrius, & je satisferai ma vengeance.

COMÉDIE.

SCÈNE XVI.

DEMETRIUS *reparoît*, & PUCK *aussi*.

PUCK.

Hé bien, hé bien, poltron : pourquoi n'avances-tu pas ?

DEMETRIUS.

Attends-moi, si tu l'oses ; car je sai bien, que tu cours devant moi, & que tu m'évites à chaque place, & que tu n'oses ni m'attendre de pied ferme, ni me regarder en face. Où es-tu ?

PUCK.

Viens ici : me voilà.

DEMETRIUS, *courant du côté de la voix*.

Tu te mocques de moi ; mais, va, tu me le paieras bien cher ; si je puis seulement appercevoir ta face à la lueur du crépuscule : maintenant, fuis ton chemin. — La foiblesse & l'épuisement me

contraignent de m'étendre ici de ma longueur fur ce lit humide & froid. — Songe bien qu'à l'approche du jour, tu me trouveras devant toi.
(*Il se couche sur la bruyère.*)

SCENE XVII.

HÉLENE.

O fatigante nuit! ô longue & ennuyeuse nuit! abrège & précipite tes heures. Perce l'orient, confolante aurore, & brille à mes yeux; que je puiffe regagner Athènes à ta clarté naiffante, & fuir ces pervers, qui déteftent ma compagnie. — Et toi, fommeil, qui daignes quelquefois fermer les yeux du chagrin, dérobe-moi pour quelques inftans à ma propre compagnie, & au fentiment de moi-même.
(*Elle se couche & s'endort.*)

PUCK.

Encore que trois d'endormis? Qu'il en vienne encore une, & ces deux couples feront quatre. La voici qui arrive, toute en courroux, & trifte. — Cupidon eft un fripon d'enfant, de tourmenter ainfi la raifon de ces pauvres créatures!

COMÉDIE.

SCENE XVIII.

HERMIA.

Jamais je ne fus si lasse, jamais je ne fus si désespérée: je suis toute trempée de rosée, toute déchirée par les ronces. Je ne peux ni aller, ni me traîner plus loin: mes jambes ne peuvent suivre le pas de mes désirs: il faut que je me repose ici jusqu'au point du jour. Que le Ciel couvre Lysandre d'un bouclier impénétrable, s'ils veulent absolument se battre!

(*Elle se couche.*)

PUCK.

Dormez sur la terre,
Dormez d'un sommeil profond;
Je veux, bel amoureux,
A vos beaux yeux
Appliquer mon remède (†).

(*Il exprime le jus de son herbe sur l'œil de Lysandre.*)

(†) Ces petits vers courts, enfantins, & liliputiens, comme les Fées & les lutins, étoient aussi l'ancien langage employé

A ton réveil,
Tu prendras
 Un vrai plaisir
A découvrir
Les yeux de ta premiere amante,
 Et le proverbe rustique bien connu,
 Qu'il faut que chacun ait son lot,
 S'accomplira à votre réveil:
 Pierrot aura sa Juliette;
 Rien n'ira mal.
Chaque homme aura sa femelle, & tout sera bien (†).

(*Puck sort, les laissant tous endormis.*)

---

dans les charmes & les sortilèges; & ces vers rimoient ordinairement.
GRAY.

(†) On place ici la fin du troisième Acte; mais sans aucune raison; il n'y a aucune interruption de l'action.
JOHNSON.

SCÈNE

SCÈNE XIX.

La Scène est dans une autre partie du Bois.

La REINE *des Fées,* BOTTOM, *les* FÉES *qui sont à sa suite; & le* ROI OBERON, *qui les suit, sans en être apperçu.*

LA REINE, à BOTTOM.

Approche, viens t'asseoir sur ce lit de fleurs; viens, que je caresse tes charmantes joues; je veux attacher des roses parfumées sur ta tête douce & lisse, & baiser tes belles & longues oreilles, mon beau bien-aimé.

BOTTOM.

Où est Fleur de pois?

FLEUR DE POIS.

Me voici à vos ordres.

BOTTOM.

Grattez-moi la tête, Fleur de pois. — Où est Monsieur Toile d'araignée?

TOILE D'ARAIGNÉE.

Me voici.

BOTTOM.

Monsieur Toile d'araignée ; mon cher Monsieur, prenez vos armes, & tuez-moi cette grosse abeille aux cuisses rouges, qui est sur la cîme de ce chardon ; &, mon cher Monsieur, apportez-moi sa bourse au miel. Ne vous échauffez pas trop dans l'opération, Monsieur, & ayez soin, mon bon Monsieur, de ne pas créver la bourse au miel : je n'aimerois pas à vous voir tout inondé de miel, mon bon Monsieur. — Où est Monsieur Graine de moutarde ?

GRAINE DE MOUTARDE.

Me voici.

BOTTOM.

Donnez-moi votre poing, Monsieur Graine de moutarde. — Je vous prie, cessez vos complimens, Monsieur Graine de Moutarde.

GRAINE DE MOUTARDE.

Que désirez-vous ?

BOTTOM.

Rien, Monsieur, rien de plus que d'aider au

Cavalier Fleur de pois, à me maffer doucement la tête: il faudra que j'aille trouver le Barbier, Monfieur ; car il me femble que j'ai furieufement de poil à la figure ; & je fuis un âne fi tendre, que, pour peu que mon poil me démange, il faut que je me gratte.

LA REINE.

Mon doux ami, voulez-vous entendre de la mufique ?

BOTTOM.

Oui : j'ai une affez bonne oreille en mufique. Allons, faites venir le triangle & la clé.

LA REINE.

Ou dites, cher amour, ce qui vous feroit plaifir à manger.

BOTTOM.

A parler vrai, je mangerois bien une botte de fourrage : je pourrois mâcher votre bonne avoine sèche ; il me femble que j'aurois grande envie d'une bonne botte de foin ; du bon foin, du foin bien fuave, il n'y a rien d'égal à cela.

LA REINE.

J'ai une Fée déterminée qui ira fouiller dans le

magasin de l'écureil, & qui vous apportera des noix nouvelles.

BOTTOM.

Je préférerois une bonne poignée ou deux de pois secs ; mais je vous prie, que personne de vos gens ne me trouble ; je me sens une certaine *exposition* au sommeil qui me vient.

LA REINE.

Dors, mon enfant, & je vais t'enfermer dans mes bras. — Fées, partez, & disperfez-vous chacune à vos postes. Ainsi, le doux chevrefeuille s'entrelasse amoureusement : ainsi le lierre femelle (§) entoure de ses anneaux l'écorce de l'ormeau. Oh ! comme je t'aime ! oh ! comme je t'adore !

(§) Parce qu'il demande toujours un support, que Shakespeare appelle poétiquement *son mari. Ulmo conjuncta marito*, dit *Catulle.*
Steevens.

SCÈNE XX.

Les mêmes.

OBERON *s'avance.* PUCK *revient.*

OBERON.

Sois le bienvenu, cher Robin. Vois-tu ce charmant spectacle ? Je commence à avoir pitié de son fol amour. Tout récemment, l'ayant rencontrée derriere le bois, cherchant de douces fleurs pour cet odieux imbécille, je lui en ai fait la honte, & je l'ai guérie de fa folie par d'amers reproches. Elle avoit ceint les tempes velues de cet animal d'une couronne de fleurs odorantes & toutes fraîches ; & cette rofée, qui s'enfle en gouttes fur les boutons, comme des perles d'orient rondes & brillantes, fe voyoit fur les yeux de ces jolies petites fleurs, comme autant de larmes, qui fembloient pleurer leur difgrace. Lorfque je l'eus grondée à mon gré, & qu'elle eut imploré mon pardon en termes doux & foumis, je lui demandai alors fon petit Nain : elle me le donna auffi-tôt, & envoya fes Fées le porter

LE SONGE D'ÉTÉ,

fous mon berceau dans mon Royaume magique ; & maintenant que je fuis en poffeffion de l'enfant, je veux corriger l'odieufe erreur de fes yeux. Ainfi, aimable petit Puck, ôte ce crâne de métamorphofe de la tête de cet artifan Athénien, afin, qu'en fe réveillant avec les autres, il puiffe regagner Athènes, & ne plus fonger aux accidens de cette nuit, que comme aux tourmens chimériques d'un rêve affreux. Mais je veux commencer par rompre le charme de la Reine des Fées,

(*Il s'approche d'elle, & dit :*)

Sois, comme tu as coutume d'être.
Vois, comme tu as coutume de voir :
C'eft le bouton de Diane fur la fleur de Cupidon,
Qui eft doué de cette vertu célefte.

Allons, ma chère Titania : éveillez-vous, ma douce Reine.

LA REINE *fe réveille, & reconnoît Oberon.*

O mon cher Oberon ! quelles vifions j'ai vues ! Il m'a femblé que j'étois amoureufe d'un âne.

OBERON, *montrant Bottom,*

Voilà votre amant.

COMÉDIE. 127

LA REINE.

Comment ces erreurs étranges ont-elles donc pu arriver ? Oh ! comme son odieux visage déplaît maintenant à mes yeux !

OBERON.

Silence, un instant. — Robin, détache cette tête. — Titania, appellez votre musique, & accablez les sens de ces cinq personnages d'un sommeil plus profond, que le repos ordinaire des mortels.

LA REINE.

La musique : hola ! la musique ! & donnez des sons qui charment & épaississent le sommeil.

PUCK, *détachant la tête d'âne de celle de Bottom.*

Quand tu te réveilleras, vois avec les yeux d'un sot, avec tes propres yeux.

OBERON.

Musique, commencez. (*On entend une musique monotone & assoupissante.*) Venez, ma Reine, unissez votre main à la mienne, & faisons trembler la terre où sont couchés ces dormeurs. Maintenant nous sommes amis, vous & moi ; & demain, à minuit, nous danserons des danses solemnelles & triomphantes dans le Palais du Duc Thésée, & son illustre

maison bénie de nous, se remplira d'une heureuse
& belle postérité. Là aussi seront unis, en même-
tems que Théfée, tous ces couples d'amans fidèles,
& la fête sera générale.

PUCK.

Roi des Fées, prête l'oreille en silence;
J'entends l'alouette matinale.

OBERON.

Allons, ma Reine, dans un grave silence,
Suivons en dansant l'ombre de la nuit.
Nous pouvons faire le tour du globe
D'un pas plus rapide que la lune errante.

LA REINE.

Venez, mon époux; & dans notre fuite,
Dites-moi, comment il s'est fait cette nuit
Que vous m'ayez trouvée dormant ici,
Sur la terre nue avec ces mortels.

(*Ils sortent.*)

Fin du troisieme Acte.

ACTE IV.

SCÈNE PREMIERE.

La Scène est toujours dans le Bois. On entend des Cors.

Paroissent THÉSÉE, ÉGEÉ, HYPPOLITE, *& leur suite.*

THÉSÉE.

Allez, quelqu'un : voyez à trouver le Garde de cette forêt ; car la cérémonie de notre hommage au Mai est finie ; & tandis que le crépuscule dure (†), ma bien-aimée entendra le concert de mes chiens.

(†) Shakespeare nous apprend ici, que ce songe s'est passé la nuit qui précède le jour de Mai.
JOHNSON.

Le titre de cette Pièce ne paroît pas plus fait pour désigner le tems de l'action, que celui du *Conte d'hiver*, que nous savons se rapporter à la saison où l'on tond les brebis.
FARMER.

— Découplez-les dans le vallon : allez. — Vous, dépêchez, vous dis-je, & trouvez le Garde — Nous allons, ma belle Reine, monter le sommet de la montagne, & faites attention à la confusion musicale des voix des chiens & de l'écho réunis.

HYPPOLITE.

Je me trouvai jadis avec Hercule & Cadmus, lorsqu'ils chaſſoient l'ours dans une forêt de Crète avec des chiens de Sparte : jamais je n'entendis des sons auſſi nouveaux. Outre les échos des bois, ceux de la voûte des airs, des fontaines, de tous les lieux de la contrée, paroiſſoient se confondre, & ne formoient qu'un seul cri. Jamais je n'ai oui pareilles diſſonances musicales, & un vacarme de voix plus agréable à l'oreille.

THÉSEE.

Mes chiens font de race Lacédémonienne, à large gueule, sablés de petites taches ; à leurs têtes de longues oreilles pendantes, qui balayent la rosée du matin ; les jambes tournées, avec un fanon comme des taureaux de Theſſalie ; lents à la pourſuite, mais aſſortis en voix comme des cloches accordées à l'octave. Jamais cri plus harmonieux ne fut animé, égayé par les cors, dans la Crète, dans

Sparte, ou dans la Theffalie. Jugez, quand vous allez entendre. — Mais, arrêtons ; quelles font ces Nymphes ?

ÉGÉE.

Mon Prince, c'eft ma fille qui eft endormie ici : celui-ci, c'eft Lyfandre ; & voilà Demetrius ; & voici Hélene, la fille du vieux Nedar. Je fuis bien étonné de les trouver ici tous enfemble.

THESÉE.

Sans doute, ils fe feront levés de grand matin, pour venir payer leur tribut à la fête de Mai ; & inftruits de nos intentions, ils font venus ici orner la pompe de notre hymen. Mais, parlez, Egée n'eft-ce pas aujourd'hui le jour où Hermia doit vous donner fa réponfe fur fon choix ?

ÉGÉE.

Oui, mon Prince.

THESÉE.

Allez, ordonnez aux Chafleurs de les réveiller au bruit du cor.

SCÈNE II.

Les mêmes.

On entend des cors, & des cris de joie.

DEMETRIUS, LYSANDRE, HERMIA & HÉLENE *se réveillent en sursaut, & se relèvent.*

THÉSÉE.

Bon jour, mes amis : la fête de Saint-Valentin est passée (†) —Ces oiseaux des bois ne commencent-ils à s'accoupler que d'aujourd'hui ?

(*Tous se prosternent devant Thésée.*)

LYSANDRE.

Pardon, mon Prince.

THÉSÉE.

Je vous prie, levez-vous tous : je sai que vous êtes deux rivaux ennemis. Comment s'est opérée

---

(†) Allusion au proverbe, que les oiseaux commencent à s'accoupler le jour de Saint-Valentin. STEEVENS.

COMÉDIE.

cette paisible réunion entre vous ? Comment votre haine est-elle devenue si peu jalouse, que je vous trouve dormans près de la haine, sans craindre l'un de l'autre aucun acte d'hostilité ?

LYSANDRE.

Mon Prince, je vous répondrai ce que me permettra l'étonnement dont mes sens sont confondus; à demi-endormi, à demi-éveillé : mais dans la vérité, il m'est impossible de dire, comment je suis venu en ce lieu. Je présume, car je voudrois vous dire la vérité.... & en ce moment, je me rappelle...., oui, je me le rappelle, je suis venu ici avec Hermia ; notre dessein étoit de sortir d'Athènes, & d'aller chercher un lieu où nous fussions hors de la portée des peines de la loi Athénienne.

ÉGÉE.

C'est assez, c'est assez, mon Prince; vous en avez assez entendu : je réclame la loi contre lui. — Ils vouloient s'évader ; & par cette fuite, Demetrius, ils vouloient vous frustrer, vous & moi ; vous, de votre épouse, moi, du fruit de mon consentement, de mon consentement de vous la donner pour pouse.

DEMETRIUS.

Noble Duc, c'est la belle Hélene qui m'a informé de leur évasion dans ce bois, & du dessein qui les y conduisoit ; & moi, dans ma fureur, j'ai suivi leurs traces ; & la belle Hélene, entraînée par sa passion, a suivi les miennes. Mais, mon bon Prince, je ne sai par quelle puissance inconnue (†), (sans doute par quelque pouvoir supérieur à nous) mon amour pour Hermia s'est fondu comme la neige: je ne le sens en ce moment que comme le souvenir confus des vains hochets, dont je raffolois dans mon enfance; & maintenant, l'unique objet de ma foi, de toutes les affections de mon cœur, l'objet & le plaisir de mes yeux, c'est Hélene seule ; j'étois fiancé avec elle, mon Prince, avant que j'eusse vu Hermia : comme un malade, je me dégoûtai de cette beauté ; mais aujourd'hui, comme ce malade rendu à la santé, je reviens à mon goût naturel ; elle est à présent l'objet de tous mes vœux, de tout mon amour, de mes soupirs ; je ne désire qu'elle, & je serai à jamais fidèle à mon choix.

(†) Ces bisarres échanges d'amour, & ces méprises réciproques, qu'on a vues dans cette Pièce, ont sans doute fourni l'idée qui remplit le dix-septième Chant de la Pucelle.

THÉSÉE.

Beaux couples d'amans, la rencontre eſt heureuſe. Nous entendrons dans un moment les détails de cette aventure. — Egée, je ſurpaſſerai vos déſirs : tout-à-l'heure, dans le même Temple, avec nous, ces deux couples feront éternellement unis ; & nous laiſſerons-là notre projet de chaſſe : car le matin eſt déja un peu avancé. — Allons, retournons tous à Athènes : trois à trois nous allons célébrer une fête ſolemnelle. — Venez, Hyppolite.

(THÉSÉE & HYPPOLITE ſortent avec leur ſuite.)

SCÈNE III.

Les autres Perſonnages.

DEMETRIUS.

Toutes ces aventures paroiſſent comme des objets imperceptibles, comme des montagnes éloignées & confondues avec les nuages.

HERMIA.

Il me ſemble que je vois ces objets d'un œil mi-parti ; tout me paroît double.

HELENE.

C'eſt la même choſe pour moi; & j'ai trouvé Demetrius comme un joyau qui eſt à moi, & qui n'eſt pas à moi.

DEMETRIUS.

Sommes-nous bien ſûrs d'être éveillés? — Il me ſemble à moi, que nous dormons, que nous rêvons encore. — Ne croyez-vous pas que le Duc étoit tout-à-l'heure ici, & qu'il nous a dit de le ſuivre?

HERMIA.

Oui, & mon pere y étoit auſſi.

HÉLENE.

Et Hyppolite.

LYSANDRE.

Et il nous a invités à le ſuivre au Temple.

DEMETRIUS.

Voilà donc la preuve que nous ſommes éveillés. — Suivons ſes pas; & en chemin, racontons-nous nos ſonges.

(Ils ſortent.)

SCÈNE

SCÈNE IV.

Au moment où ils s'en vont, BOTTOM *s'éveille.*

BOTTOM.

QUAND mon tour viendra, appellez-moi, & je répondrai. —— Ma premiere réclame est, *très-beau Pyrame*. —— Hé, hola! —— Pierre Quince; Flute, le raccommodeur de soufflets; Snout, le chaudronnier; Starveling. Mort de Dieu! ils se sont évadés d'ici, & m'ont laissé endormi. —— J'ai eu dans mon sommeil la plus rare & la plus merveilleuse vision: oh! j'ai fait un songe.... il est au-dessus des facultés de l'homme de dire ce qu'étoit ce songe. L'homme n'est qu'un âne, s'il veut se mêler d'expliquer ce rêve. Il me sembloit que j'étois. —— Il n'y a pas d'homme qui puisse dire ce rêve-là. Il me sembloit que j'étois, & il me sembloit que j'avois.... —— Mais l'homme n'est qu'un fou en habit d'Arlequin, s'il entreprend de rendre ce qu'il me sembloit que j'étois. L'œil de l'homme n'a jamais ouï, l'oreille de l'homme n'a jamais vu; la main de l'homme ne peut jamais goûter, ni sa langue concevoir, ni son cœur exprimer en paroles ce qu'étoit mon rêve. Je veux aller trouver Pierre Quince pour qu'il compose une balade sur mon songe : on l'appellera, *le rêve de Bottom* (†); parce que c'est un rêve sans fond ; & je le chanterai à la fin de la Pièce, devant le Duc : & peut-être même, pour rendre la Pièce plus agréable, le chanterai-je à la mort de Thisbé.

(*Il fort.*).

SCÈNE V.

La Scène est dans Athènes, dans la Maison de QUINCE.

QUINCE, FLUTE, SNOUT, & STARVELING.

QUINCE.

Avez-vous envoyé chez Bottom ? Est-il rentré chez lui ?

(†) *Bottom* signifie le *fond.*

STARVELING.

On ne peut avoir de nouvelles de lui : oh ! il n'y a pas de doute que les Esprits l'ont transporté loin d'ici.

FLUTE.

S'il faut qu'il ne vienne pas, adieu la Pièce : elle ne peut plus aller, n'est-ce pas ?

QUINCE.

Il n'est pas possible : vous n'avez pas, dans tout Athènes, un autre homme en état de faire le rôle de Pyrame, que lui.

FLUTE.

Non : il a tout uniment le plus grand talent de tous les artisans d'Athènes.

QUINCE.

Cela va sans dire, & c'est l'homme le mieux tourné, un beau galant, avec la plus douce voix.

FLUTE.

Vous devriez dire, une merveille incomparable ; un galant est, Dieu nous béniffe ! une chose qui n'est bonne à rien.

SCÈNE VI.

Les mêmes.

SNUG.

SNUG.

Messieurs, le Duc revient du Temple; & il y a deux ou trois Seigneurs & Dames de plus, qui se sont mariés en même-tems que lui. Si notre divertissement eût été en train, nous étions des hommes dont la fortune étoit faite.

FLUTE.

Oh! le charmant & gros Bottom : voilà comme il a perdu six sols par jour de revenu sa vie durante: il ne pouvoit manquer d'avoir six sols à dépenser par jour ; si le Duc ne lui avoit pas fait six sols par jour de rente pour jouer Pyrame, je veux être pendu. Et il les auroit bien mérités : oui, six sols (†) par jour, ou rien, pour le rôle de Pyrame.

(†) Trait de satyre contre Preston, auteur de la Pièce de *Cambyse*. Il joua un rôle dans la Didon, de Thomas Nash devant Elisabeth, à Cambridge en 1594 ; & la Reine fut si

SCENE VII.

Les mêmes.

BOTTOM.

BOTTOM.

Ou font ces jolis garçons? Où font ces braves cœurs?

QUINCE.

Ha! Bottom. — O le fuperbe jour! ô l'heure fortunée!

BOTTOM.

Meffieurs, je vais vous raconter des merveilles.... Mais ne me demandez pas ce que c'eft; car, fi je vous le dis, dites que je ne fuis pas vrai Athénien; je vous dirai tout, exactement comme les chofes fe font paffées.

QUINCE.

Voyons, cher Bottom.

---

fatisfaite de fon jeu, qu'elle le gratifia d'une penfion de 20 liv. fterling par an, ce qui ne fait guères plus d'un fcheling par jour.

STEEVENS.

BOTTOM.

Vous n'aurez pas un mot de moi. Tout ce que je vous dirai, c'eſt que le Duc a dîné. Mettez toute votre parure : de bonnes attaches à vos barbes, des rubans neufs à vos eſcarpins : rendez-vous tous ſans délai au Palais : que chacun ſonge à ſon rôle ; car en un mot, la fin de l'hiſtoire eſt, que notre Pièce eſt le divertiſſement préféré. A tout événement, que Thiſbé ait ſoin d'avoir du linge propre ; & que celui qui joue le Lion, n'aille pas rogner ſes ongles ; car ils paſſeront pour les griffes du Lion : &, mes très-chers Acteurs, ne mangez point d'oignons, ni d'ail, je vous en prie; car il faut que nous ayons une haleine douce ; & moyennant tout cela, je ne doute pas que nous ne les entendions dire : *voilà une char- mante Comédie !* Plus de paroles : allons, partons.

(*Ils ſortent.*)

Fin du quatrième Acte.

ACTE V.

SCÈNE PREMIERE.

Le Théâtre repréſente le Palais du Duc.

THÉSÉE, HYPPOLITE, EGÉE, PHILOSTRATE, SEIGNEURS, &c.

HYPPOLITE.

CELA est étrange, mon cher Théſée, ce que racontent ces amans !

THÉSÉE.

Plus étrange que vrai. Jamais je ne pourrai ajouter foi à ces vieilles fables, ni à ces jeux de féerie. Les amans & les fous (†) ont des cerveaux bouillans, une imagination féconde en fantômes, & qui conçoit au-delà de ce que la raiſon peut jamais comprendre. Le Fou, l'Amoureux & le Poète ſont

---

(†) Shakeſpeare auroit pu ajouter le *fanatique.*

toute imagination. L'un voit plus de démons, que l'enfer n'en peut contenir, c'est le fou: l'amoureux, tout comme le frénétique, voit la beauté d'Hélene sur un front Egyptien. L'œil du poète, roulant dans la sphère d'une conception brillante, lance son regard du ciel à la terre, & de la terre aux cieux; & comme l'imagination donne un corps & des formes aux objets inconnus, la plume du poète leur imprime de même des formes nouvelles, & assigne à un fantôme aérien, à un néant une demeure propre & un nom particulier : tels sont les jeux d'une imagination vive & forte, que si elle conçoit un sentiment de joie, elle crée aussi-tôt un être, porteur de la nouvelle fortune : ou si, dans la nuit, elle se forge quelque terreur, avec quelle facilité un buisson prend à ses yeux l'aspect menaçant d'un ours terrible !

HYPPOLITE.

Mais toute l'histoire qu'ils ont racontée de ce qui s'est passé cette nuit.... leurs facultés intellectuelles ainsi transformées.... tout cela annonce plus que de vaines illusions de l'imagination, & présente quelque chose de réel & de certain, bien admirable, & bien étrange, de quelque façon que cela soit arrivé.

COMÉDIE.

SCENE II.

Les mêmes.

LYSANDRE, DEMETRIUS; HERMIA, & HÉLENE.

THESÉE.

VOICI nos amans, qui viennent pleins de joie & d'allégresse. — Que le bonheur, aimables amis, accompagne vos cœurs, & que votre amour voye une longue suite de beaux jours!

LYSANDRE.

Que des jours plus beaux encore & plus fortunés suivent les pas de votre Altesse, & éclairent votre table, & votre couche auguste!

THÉSÉE.

Allons, quelles mascarades, quelles danses aurons-nous, pour consumer sans ennui ce siècle de trois heures, qui doit s'écouler entre le souper & l'instant qui doit nous conduire au lit nuptial? Où est l'Intendant qui prend ordinairement soin d'ordonner nos fêtes & nos plaisirs ? Quels divertissemens font préparés ? N'y a-t-il point de Comédie, pour soulager les longues angoisses de cette heure éternelle, qui retarde & tourmente nos désirs ? Appellez Philostrate.

PHILOSTRATE.

Me voici à vos ordres, puissant Thésée.

THÉSÉE.

Dites : quel Drame avez-vous à nous donner pour cette longue soirée ? Quelle mascarade ? Quelle Musique ? Comment tromperons-nous l'ennui du tems qui se traîne, si nous n'avons pas quelque plaisir pour nous distraire ?

PHILOSTRATE.

Voilà la liste des divertissemens qui sont préparés. Choisissez celui que préférera votre Altesse.

(*Il lui remet un écrit.*)

THÉSÉE *lit.*

Le combat des Centaures, pour être chanté par un Eunuque Athénien, en s'accompagnant de la Harpe.
—Nous ne voulons pas de cela : j'en ai fait tout le récit à ma bien-aimée, à la gloire de mon parent Hercule.

(*Il passe à un autre article.*)

La fureur des Bacchantes enivrées, déchirant le Chantre de la Thrace dans leur rage. —— C'est un vieux sujet ; & je l'ai vu jouer la derniere fois que je revins de Thebes en vainqueur triomphant.

(*A un autre article.*)

Les neuf Muses pleurant la mort de la Science, récemment décédée dans l'extrême indigence (†).——C'est

---

(†) Allusion à un Poème de Spenser, intitulé : *Les pleurs des Muses sur l'oubli & le mépris de la Science.* Cette plainte n'est pas particuliere à ce siècle : elle n'a été que trop fondée dans tous les tems, & elle a donné lieu au proverbe, *aussi pauvre qu'un Poëte.*

Les personnes qui s'appliquent aux Lettres, doivent nécessairement négliger tout intérêt pécuniaire : ce seroit au genre humain à pourvoir à l'honorable subsistance de ceux qui consacrent leur tems à l'éclairer, ou à l'amuser : ce ne seroit pas par des secours passagers & précaires qu'il faudroit suppléer à leur indigence ; mais par des fondations permanentes & solides, comme celles du Clergé, à qui l'on n'a fait des revenus fixes que par les mêmes motifs : le nom de Clerc, quoiqu'il soit devenu propre aux Ecclésiastiques, étoit autrefois commun aux deux classes, aux Ecclésiastiques & aux hommes d'étude. Un pareil établissement feroit beaucoup d'honneur à un État, & ne lui coûteroit guères.

Mrs GRIFFITH.

quelque critique, quelque fatyre mordante, & cela ne va pas avec une fête de nôces.

(*Il passe à un autre.*)

Une ennuyeuse & courte Scène du jeune Pyrame, avec sa maîtresse Thisbé ; farce vraiment tragi-comique. — Tragique & comique à la fois ! courte & ennuyeuse ! C'est comme qui diroit, de la glace chaude, & de la neige de la même qualité merveilleuse. Comment trouverons-nous le nœud qui concilie ces contraires ?

PHILOSTRATE.

C'est, mon Prince, une Pièce longue de quelque dixaine de mots, aussi courte que j'aie jamais vu Pièce ; mais avec ces dix mots, mon Prince, elle est encore trop longue ; ce qui la rend ennuyeuse ; car dans toute la Pièce, il n'y a pas un mot à sa place, ni un seul Acteur propre à son rôle ; & c'est une Pièce tragique, mon Prince ; car Pyrame se tue lui-même à la fin : ce qui, je vous l'avoue, quand

---

Ce titre pourroit aussi être un titre supposé, pour lancer un trait de satyre contre les Grands, qui avoient laissé mourir Spenser de misère à Dublin en 1598.

STEEVENS.

je l'ai vu répéter, m'a fait verser des larmes; mais des larmes plus gaies, que n'en aient jamais fait jaillir les plus grands éclats du sourire.

THÉSÉE.

Qui sont les Acteurs?

PHILOSTRATE.

De grossiers artisans, aux mains calleuses, qui travaillent ici dans Athènes, mais qui n'ont jamais travaillé d'esprit jusqu'à ce moment; ils se sont avisés aujourd'hui de charger leurs mémoires inexercées de cette Pièce, pour la cérémonie de vos nôces.

THÉSÉE.

Nous voulons la voir jouer.

PHILOSTRATE.

Non, mon noble Duc; elle n'est pas digne de vous: je l'ai entendue d'un bout à l'autre, & cela ne vaut rien, rien au monde; à moins que vous ne trouviez quelque amusement dans leur intention & leurs efforts, en les voyant se tourmenter, se donner mille peines, pour plaire à votre Altesse.

THÉSÉE.

Je veux entendre cette Pièce: tout ce qui est

offert par la simplicité & le respect naïf, est toujours bien. Allez, faites-les venir. — Et vous, belles Dames, prenez vos places.

(*Philostrate sort.*)

HYPPOLITE.

Je n'ai pas de plaisir à voir des malheureux (§) échouer dans leurs efforts pour plaire, & le zèle succomber avec affront.

THÉSÉE.

Hé, ma chere, vous ne verrez pas cela non plus.

HYPPOLITE,

Il dit, qu'ils ne peuvent rien faire de supportable en ce genre.

THÉSÉE.

Nous n'en paroîtrons que plus généreux, en les remerciant, sans qu'ils nous ayent rien donné (†).

(§) Cette objection d'Hyppolite, part d'un motif d'humanité.
Mrs GRIFFITH.

(†) Ce sentiment est d'un Prince généreux; & un Roi doit se garder d'humilier jamais par le mépris ou le rire, le sujet simple & zélé, qui s'efforce, à sa maniere, de lui montrer son zèle & son affection. Un tour de roue dans la loterie des naissances, pouvoit changer leur place & leur fortune.
Mrs. GRIFFITH.

Notre plaisir sera de voir leurs fautes & leurs méprises (§). Dans ce que la bonne volonté impuissante entreprend & ne peut exécuter, un cœur noble & généreux considère le mérite de ce qu'elle auroit voulu faire, & non le prix de ce qu'elle a fait. Lorsque je suis entré dans ce Duché, de grands Clercs avoient formé le projet de me complimenter par des harangues long-tems étudiées ; & lorsque je les ai vus frissonner & pâlir, rester courts au milieu de leurs périodes, & leur langue exercée bégayer de timidité, & finir par ne pouvoir achever, & rester muets tout-à-coup, sans avoir pu me débiter leur compliment ; croyez-moi, ma chere, leur silence même m'a tenu lieu du compliment le plus flatteur, & m'a vraiment fêté ; & j'en ai autant lu dans la modestie de leur timide respect, que j'en aurois pu entendre de la bruyante voix d'une éloquence audacieuse & effrontée. Pour moi, le zèle & l'affection, & la naïveté simple dont la langue bégaie & s'embarrasse, en ne disant rien, me disent beaucoup plus, que les discours les mieux apprêtés.

(§) Voltaire raconte un trait semblable de Louis XIV, qui prenoit plaisir à voir ses courtisans se troubler, quand ils lui parloient.

SCENE III.

Les mêmes.

PHILOSTRATE *revient.*

S'IL plaît à votre Altesse, le Prologue est tout prêt.

THÉSÉE.

Qu'il s'avance.

(*On joue une fanfare.*) (§)

(§) Il paroît que le Prologue étoit anciennement introduit au son des trompettes.

COMÉDIE.

SCÈNE IV.

Les mêmes. LE PROLOGUE.

LE PROLOGUE.

SI nous déplaisons, c'est avec notre bonne volonté; ensorte que vous devez croire, que nous ne venons pas pour vous déplaire. Mais avec la bonne volonté de vous montrer notre zèle simple : c'est-là le vrai commencement de notre fin. Considérez donc, que si nous ne venions que pour vous chagriner, nous ne viendrions pas. Notre véritable but est de vous donner du plaisir : c'est-là notre véritable intention. — Nous ne sommes pas ici pour vous donner de la tristesse & du chagrin. — Les Acteurs sont tout près d'ici ; & d'après leur jeu, vous saurez tout ce que vous avez l'air de devoir apprendre.

THÉSÉE.

Ce camarade ne se traîne pas sur des échasses au moins.

LYSANDRE.

Il a galoppé son Prologue, comme un jeune cheval ; il ne connoît point d'arrêt. Voilà une bonne leçon, mon Prince : il ne suffit pas de parler ; il faut parler bon sens.

HYPPOLITE.

En vérité, il a joué sur son Prologue, comme un enfant novice sur une flûte : des sons, mais sans mesure & sans accord.

THÉSÉE.

Son discours ressembloit à une chaîne mêlée ; il n'y avoit aucun anneau de moins, mais tous étoient en désordre. Qui vient après lui ?

SCÈNE V.

Les mêmes.

PYRAME, THISBÉ, *la* MURAILLE, *le* CLAIR DE LUNE, *& le* LION.

LE PROLOGUE.

Messieurs, peut-être êtes-vous étonnés de ce spectacle ; mais étonnez-vous jusqu'à ce que la vérité vienne tout éclaircir. Ce personnage, c'est Pyrame, si vous voulez

COMÉDIE.

le favoir. Cette belle Dame, c'eſt Thisbé, pour le certain. Cet homme, enduit de chaux & de crépi, repréſente cette odieuſe muraille qui ſéparoit ces deux amans; & les pauvres enfans, il faut qu'ils ſe contentent de ſe murmurer quelques mots de tendreſſe au travers d'une lézarde; & il ne faut pas que perſonne s'en étonne. Cet autre, avec ſa lanterne, un chien, & un buiſſon d'épines, repréſente le Clair de Lune; car, ſi vous voulez le ſavoir, ces deux amans ne ſe firent pas ſcrupule de ſe donner rendez-vous au Clair de Lune, à la tombe de Ninus, pour s'y faire la cour. Cette terrible bête, qui, de ſon nom, s'appelle un Lion, fit reculer, de ſon cri, ou plutôt épouvanta la fidèle Thisbé, venant dans l'ombre de la nuit; & en fuyant, elle laiſſa tomber ſon voile, que l'infâme Lion teignit de ſa gueule enſanglantée. Auſſi-tôt arrive Pyrame, ce beau & grand jeune-homme, & il trouve le manteau ſanglant de ſa fidele Thisbé. A cette vue, avec ſon cimeterre, ſon coupable & ſanguinaire cimeterre, il ſe perce bravement ſon brave ſein, d'où le ſang ſort en bouillonnant; & Thisbé, qui s'étoit arrêtée ſous l'ombrage d'un mûrier, retira ſon poignard, & mourut. Quant au reſte des perſonnages, vous, le Lion, le Clair de Lune, la Muraille & les deux Amans, diſcourez en long & en large en lignes rimées, tant que vous ſerez ici en ſcène.

(*Tous s'en vont, excepté la Muraille.*)

THÉSÉE.

Je ſerai fort ſurpris, ſi le Lion doit parler.

DEMETRIUS.

Il n'y a rien d'étonnant à cela, mon Prince;

V 2

un Lion peut parler, si tant d'ânes le peuvent (§).

LA MURAILLE.

Dans le même intermède, il se trouve que, moi, qui de mon nom m'appelle *Snout*, je représente une muraille, & une muraille, que je voudrois que vous voulussiez bien croire, qui a un trou, ou une crevasse ouverte, par laquelle les deux amans, Pyrame & Thisbé, se murmuroient souvent en secret leurs mutuelles confidences. Cette chaux, ce crépi, & cette pierre vous montrent que je suis précisément cette muraille: voilà la vérité. Et voici sur la gauche, l'ouverture, la lézarde, par laquelle ces timides amans doivent se parler tout bas.

THÉSÉE.

Voudriez-vous de la chaux & de la bourre, pour parler mieux?

DEMETRIUS.

C'est, mon Prince, la plus ingénieuse division que j'ai jamais entendue.

THÉSÉE.

Voilà Pyrame qui s'approche de la muraille: silence.

(§) Allusion à une fable de l'*Estrange*, intitulée: *les Anes faits juges de paix*.

(†) Trait contre les absurdes divisions des écrits du tems.

FARMER.

COMÉDIE.

PYRAME.

O affreuſe nuit ! ô nuit de couleur noire! ô nuit, qui es toujours, quand le jour n'eſt plus ! ô nuit ! ô nuit ! hélas, hélas, hélas ! je crains bien que ma Thisbé n'ait oublié ſa promeſſe ! — Et toi, ô muraille ! ô douce & aimable muraille ! qui es élevée entre le terrein de ſon pere & le mien; toi, muraille, ô muraille ! ô muraille ! ô aimable & douce muraille, montre-moi ta lézarde, que je puiſſe entrevoir au travers avec mon œil : je te rends grace, officieuſe muraille : que Jupiter te ſoutienne & te protége pour ce rare ſervice ! (*il regarde par la fente*) Mais, que vois-je ? Je ne vois point de Thisbé. O maudite muraille ! au travers de laquelle je ne vois point mon bonheur ; maudites ſoient tes pierres, pour me tromper ainſi !

THÉSÉE.

La muraille etant ſenſible, devroit, ce me ſemble, le maudire à ſon tour.

PYRAME.

Non, Monſieur ; en vérité, il ne le doit pas. — *Me tromper ainſi*, eſt la réclame du rôle de Thisbé : c'eſt à elle à paroître maintenant, & je vais la chercher des yeux à travers la muraille. Vous verrez que tout cela va arriver juſte, comme je vous l'ai dit. Tenez, la voilà qui vient.

THISBÉ.

O muraille ! tu as ſouvent entendu mes plaintes de ce que tu ſéparois mon cher Pyrame & moi; mes lèvres vermeilles ont souvent baisé tes pierres ; tes pierres cimentées en toi avec de la chaux & de la bourre.

PYRAME.

Je vois une voix ; je veux m'approcher du trou, pour voir si je peux entendre le visage de ma Thisbé. — Thisbé !

THISBÉ.

Mon amant ! tu es mon amant, je crois.

PYRAME.

Crois ce que tu voudras, je suis ton amant, & je suis toujours fidèle, comme *Limandre* (§).

THISBÉ.

Et moi comme Hélene, jusqu'à ce que les destins me tuent.

PYRAME.

Jamais Saphale ne fut si fidèle à Procrus.

THISBÉ.

Comme Saphale fut fidèle à Procrus, je le suis pour toi.

PYRAME.

Oh ! donne-moi un baiser par le trou de cette odieuse muraille.

(§) Limandre, pour Léandre, Saphale pour Céphale, Procrus pour Procris ; autant de bévues de cet Acteur ignorant.

COMÉDIE.

THISBÉ.

Je baise le trou de la muraille, & point tes lèvres.

PYRAME.

Veux-tu venir tout-à-l'heure me rejoindre à la tombe de Ninus?

THISBÉ.

A la vie ou à la mort; j'y vais sans délai.

LA MURAILLE.

Moi, muraille, me voilà à la fin de mon rôle; & mon rôle étant fini, c'est ainsi que la muraille s'en va.

(*La Muraille, Pyrame & Thisbé sortent.*)

THÉSÉE.

Maintenant la voilà donc à bas la muraille, qui séparoit les deux voisins.

DEMETRIUS.

Il n'y a pas de remède, mon Prince, quand les murailles sont si prestes à saisir le mot (†) de l'ordre, sans qu'on les en avertisse au-paravant.

(†) Warburton lit *Fear, à s'élever*, & y voit une allusion à un fait arrivé du tems du Poète. Elisabeth visita Thomas Gresham au parc d'Osterley. En entrant dans sa cour, elle la trouva trop large, & dit qu'elle seroit mieux, si elle étoit partagée au milieu par un mur. La muraille se trouva bâtie

HYPPOLITE.

Voilà la plus impertinente sottise, que j'aie jamais entendue.

THÉSÉE.

La meilleure de ces représentations n'est qu'une illusion, & le pire ne sera pas le pire, si l'imagination veut se prêter & l'embellir.

HYPPOLITE.

Il faut que ce soit votre imagination qui s'en charge & non pas la leur.

THÉSÉE.

Si notre imagination ne pense pas plus mal d'eux, qu'ils n'en pensent eux-mêmes, ils peuvent passer pour d'excellens Acteurs. — Voici deux fameuses bêtes qui s'avancent, une Lune & un Lion.

LE LION, & le CLAIR DE LUNE.
LE LION.

Belles Dames, vous dont le cœur timide frémit à la vue de la plus petite souris, qui vous surprend & se glisse dans vos lambris, vous pourriez bien ici frissonner & trembler

---

en une nuit; & le lendemain matin la Reine fut tout étonnée de voir la cour partagée par un mur GRAY.

Suivant Farmer, c'est une allusion au Proverbe, *les murs ont des oreilles*.

d'effroi,

COMÉDIE.

d'effroi, lorſqu'un Lion féroce vient à rugir dans ſa rage. Sachez donc que moi, Snug le menuiſier, je ne ſuis ni un Lion féroce, ni la femelle d'un Lion; car ſi j'étois venu comme un Lion irrité dans ce lieu, & avec de mauvais deſſeins, ce ſeroit expoſer ma vie.

THESÉE.

Une fort bonne bête, & d'une honnête conſcience !

DEMETRIUS.

La meilleure bête, pour une bête, que j'aie jamais vue, mon Prince.

LYSANDRE.

Ce Lion eſt un vrai Renard par la valeur.

THÉSEE.

Cela eſt vrai; & un véritable oiſon par ſa prudence.

DEMETRIUS.

Non pas, mon Prince; car ſa valeur ne peut emmener ſa prudence, & le renard emmene l'oiſon.

THÉSEE.

Sa prudence, j'en ſuis ſûr, ne peut emmener ſa valeur; car l'oiſon n'emmène pas le renard: c'eſt à merveille: laiſſez-le à ſa prudence; & écoutons la Lune.

Tome XV. Seconde partie.   X

LE CLAIR DE LUNE.

Cette lanterne vous repréfente la Lune & fes cornes.

DEMETRIUS.

Il auroit dû porter les cornes fur fa tête.

THÉSÉE.

Ce n'eft pas un croiffant, & fes cornes font invifibles & fondues dans la circonférence.

LE CLAIR DE LUNE.

Cette lanterne repréfente la Lune & fes cornes; & moi j'ai l'air d'être l'homme dans la Lune (†).

THÉSÉE.

Cette erreur eft la plus grande de toutes : l'homme devroit être mis dans la lanterne : autrement, comment feroit-il l'homme dans la Lune?

DEMETRIUS.

Il n'ofe pas fe fourrer-là, à caufe de la chandelle; car vous voyez qu'il eft déja en mèche ufée (§).
(*en colère.*)

(†) Ce caractère n'étoit pas nouveau fur le Théâtre; & le Poète le tourne ici en ridicule. FARMER.

(§) Equivoque fur le mot *cinder*, qui fignifie également mèche ufée, & accès de colère.
JOHNSON.

HYPPOLITE.

Je suis lasse de cette Lune : je voudrois que la scène changeât.

THÉSÉE.

Il paroît, à sa petite lueur de prudence, qu'il est dans le décours. Mais cependant, par politesse, & par toutes sortes de raisons, il faut attendre le tems.

LYSANDRE.

Poursuis, Lune.

LE CLAIR DE LUNE.

Tout ce qui me reste à vous dire, c'est de vous déclarer que la lanterne est la Lune; moi, l'homme dans la Lune; ce buisson d'épines, mon buisson d'épines; & ce chien, mon chien.

DEMETRIUS.

Hé mais, tout cela devroit être dans la lanterne; car ils sont dans la Lune. Mais, silence : voici Thisbé.

THISBÉ.

Voici la tombe de Ninny. Où est mon amant?

LE LION.

Hoh! (*Le Lion rugit; Thisbé s'enfuit.*)

DEMETRIUS.

Bien rugi, Lion.

THÉSÉE.

Bien couru, Thiſbé.

HYPPOLITE.

Bien lui, Lune. — Vraiment, la Lune luit avec fort bonne grace.

THÉSÉE.

Bien crié en ſouris, Lion.

DEMETRIUS.

Et voilà Pyrame, qui eſt venu.

LYSANDRE.

Et le Lion qui a diſparu.

PYRAME.

Douce Lune, je te remercie de tes rayons ſolaires ; je te rends graces, Lune, de ta clarté ſi brillante ; car à la lumière des tes rayons gracieux, dorés & brillans, je me promets de goûter de la vue de la très-fidèle Thisbé.

   Mais, arrêtons ; ô horreur !
   Mais, voyons : pauvre Chevalier,
   Quel affreux objet s'offre ici !
   Mes yeux, voyez-vous ?
   Comment cela peut-il être ?

O mon petit cœur ! ô ma chère !
Quoi ! ton charmant voile
Tout teint de fang !
Approchez, cruelles furies ;
O deſtin : venez, venez,
Coupez fil & trame ;
Ecraſez, détruiſez, égorgez, & finiſſez tout !

THÉSÉE.

Cet accès de paſſion, & la mort d'un tendre amant, feroient capables de rendre un homme trifte.

HYPPOLITE.

J'en veux à mon cœur ; mais j'ai pitié de lui.

PYRAME.

O nature ! pourquoi formas-tu des Lions ? Puiſque cet infâme Lion a dépucelé ici ma chere maîtreſſe, qui eſt ; non, non ; mais qui étoit la plus belle perſonne qui ait vécu, qui ait aimé, qui ait careſſé, qui ait regardé de ſes beaux yeux l'éclat du jour.

Venez, mes larmes, confondez mes ſens.
A moi, mon épée, & bleſſe
Le ſein de Pyrame :
Oui, le ſein gauche
Où palpite le cœur. (*Il ſe perce.*)
Ainſi je meurs, je meurs, je meurs.
Maintenant, je ſuis mort,

LE SONGE D'ÉTÉ,

Maintenant je suis parti de ce monde;
Mon ame est dans les Cieux.
Langue, perds ta lumière;
Lune, fuis de ces lioux;
Et maintenant, meurs, meurs, meurs.
Bon soir, bon soir.

(*Il meurt. Le Clair de Lune sort.*)

DEMETRIUS.

Plus de dez (§), mais un as pour lui; car il n'est plus qu'un.

LYSANDRE.

Il est moins qu'un as, ami; car il est mort; il n'est rien.

THÉSÉE.

Avec le secours d'un Chirurgien, il pourroit en revenir encore & se trouver (†), un âne.

(§) Jeu de mots sur *die*, qui signifie mourir, & un *dez*.

(†) Un célèbre Anatomiste, à qui on avoit remis le corps d'un pendu, après l'exécution, & qui donnoit encore quelques signes de vie, assûroit que s'il en revenoit, il ne seroit jamais qu'un idiot. Le contraire de cette opinion est prouvé par un fait certain & connu, Voy. la note 2 de la fin.

GRAY.

COMÉDIE.

HYPPOLITE.

Par quel hasard le Clair de Lune s'en est-il allé, avant que Thisbé arrive & trouve son amant?

THÉSÉE.

Elle le trouvera à la clarté des étoiles. — La voici qui s'avance, & sa douleur va finir la Pièce.

(*Thisbé paroît.*)

HYPPOLITE.

Il me semble qu'elle ne doit pas être fort longue, pour un pareil Pyrame; j'espere qu'elle sera courte.

DEMETRIUS.

Un atôme feroit pencher la balance entre l'amant & la maîtresse, lequel de Pyrame ou de Thisbé vaut le mieux?

LYSANDRE.

Elle l'a déja cherché de ses beaux yeux.

DEMETRIUS.

Et la voilà qui va gémir : vous allez entendre.

THISBÉ.

Dors-tu, mon amant?
Quoi! serois-tu mort, mon cher cœur?

O Pyrame! lève-toi :
Parle, parle-moi : tout-à-fait muet ?
Quoi ! mort, mort ? Une tombe
Doit donc couvrir tes tendres yeux.
Ces sourcils de lys,
Ce nez vermeil,
Ces joues jaunes comme la primevère;
Sont évanouis, sont évanouis.
Amans, gémissez ;
Ses yeux sont verds comme porreau.
O vous, fatales sœurs!
Venez, venez sur moi.
Avec vos mains pâles comme le lait,
Teignez-les dans le sang,
Puisque vous avez coupé
De vos ciseaux son fil de soie.
Langue, n'ajoute pas un mot ;
Viens, fidèle épée,
Viens, fer tranchant, plonge-toi dans mon sein,
Et adieu, mes amis.
Ainsi finit Thisbé.
Adieu, adieu, adieu. (*Elle meurt.*)

THÉSÉE.

Le Clair de Lune & le Lion sont restés pour enterrer les morts.

DEMETRIUS.

Oui, & la Muraille aussi.

BOTTOM.

COMÉDIE.

BOTTOM.

Non, je puis vous l'assurer. La Muraille qui séparoit leurs peres, est à bas. — Vous plaît-il de voir l'épilogue, ou d'entendre une danse bergomasque (§), entre deux Acteurs de notre Troupe.

THÉSÉE.

Point d'épilogue, je vous prie; car votre Pièce n'a pas besoin d'apologie : non, jamais d'excuse; car quand tous les Acteurs sont morts; il n'est pas besoin de blâmer la mémoire d'aucun. Vraiment, si celui qui a composé cette Pièce avoit joué le rôle de Pyrame, & qu'il se fût pendu avec la jarretiere de Thisbé, cela auroit fait une bien belle Tragédie; & elle est fort belle, en vérité, & jouée avec distinction. Mais, voyons votre Bergomasque : laissez-là votre épilogue.

(*Une Danse de Paysans bouffon.*)

La langue de fer du minuit a parlé douze fois : amans, au lit nuptial; c'est presque l'heure magique des Fées. Je crains bien que nous ne reprenions sur le matin le sommeil que nous avons épargné

___

(§) Danse à l'imitation de celle des paysans de Bergomasco, canton d'Italie, qui appartient aux Vénitiens. Tous les bouffons d'Italie affectent d'imiter le ridicule jargon de ces paysans; & l'on en est venu à imiter aussi leurs danses.

STEEVENS.

sur cette nuit. Cette farce grossière a bien trompé nos sens sur la marche pésante du tems. — Chers amis, allons à notre lit nuptial: nous passerons une quinzaine entière dans les divertissemens nocturnes, & chaque jour amenera de nouveaux plaisirs, pour célébrer solemnellement la fête de nos nôces.

(*Tous sortent.*)

SCÈNE VI.

PUCK, *seul*.

Voici l'heure où le Lion rugit,
Où le Loup hurle à la Lune,
Tandis que le Laboureur ronfle
Épuisé de sa pénible tâche.
Maintenant les tisons consumés brillent en char‑
    bons ardens;
La chouette, poussant son cri sinistre,
Rappelle au malheureux, couché dans les douleurs,
Le souvenir & l'image du drap funèbre.
Voici le tems de la nuit,
Où les tombeaux tous entr'ouverts,

Laissent échapper chacun son spectre,
Qui va errer sur la route des cimetières.
Et nous, Esprits fées, qui voltigeons
A la clarté du char de la triple Hécate,
Fuyant la présence du soleil,
Et suivant les ombres comme les songes légers,
Nous nous livrons à nos jeux nocturnes. Pas une souris
Ne troublera cette maison sacrée.
Je suis envoyé devant, avec un Laquais,
Pour balayer la poussière derrière la porte (§).

(§) La propreté est nécessaire pour attirer les Fées dans sa maison, & mériter leurs faveurs.
JOHNSON.

SCÈNE VII.

PUCK, *le* ROI *&* la REINE *des* FÉES *paroissent avec leur cortége.*

OBERON.

A la pâle lueur de cette maison,
A la foible clarté des feux assoupis & morts;
Vous tous, Esprits follets, Génies & Fées,
Sautez d'un pied léger, comme l'oiseau qui s'é-
 lance d'une épine:
Répétez après moi ce couplet:
Chantez & dansez rapidement à sa mesure.

TITANIA.

D'abord, répétez ce couplet par cœur;
Et à chaque mot une cadence:
Les mains enlassées, avec la grace des Fées,
Nous chanterons, & appellerons le bonheur sur
 cette demeure.
    (*Chant & Danse*) (§).

(§) Oberon paroît, & ordonne à ses Fées de chanter un couplet: Titania en chante ensuite un autre avec ses Fées.

OBERON.

A présent, jusqu'à la pointe du jour,
Que chaque Fée erre dans ce Palais.
Nous irons au beau lit nuptial,
Et il sera béni par nous ;
Et la lignée qui y sera engendrée
Sera toujours heureuse & fortunée.
Ces trois couples d'amans
Seront toujours sincères & fidèles.
Et les taches de la main de la nature
Ne se verront point sur leurs enfans.
Fées, dispersez-vous ;
Qu'avec la rosée des champs
Chacune consacre chaque appartement;
Établissez-y la douce paix.
Ce Palais subsistera toujours dans le bonheur ;
Et l'Hôte en sera toujours favorisé du Ciel.
  Allons, dansons,
   Ne tardons plus :
Venez me rejoindre au point du jour.
  (*Le Roi & la Reine sortent avec leur Cour.*)

Ces deux couplets que chantent Oberon & Titania sont perdus; ensuite Oberon congédie ses Génies, & les charge d'aller accomplir les cérémonies.
       JOHNSON.

SCÈNE VIII.

PUCK, *seul.*

Si nous, légers fantômes, avons déplu,
Figurez-vous seulement, & tout sera réparé,
Figurez-vous, que vous avez ici fait un court sommeil,
Tandis que ces visions erroient autour de vous,
Indulgens spectateurs, ne blâmez point
Ce foible & vain sujet,
Et ne le prenez que pour un songe ;
Si vous faites grace, nous nous corrigerons,
Et comme je suis un honnête lutin,
Si nous avons le bonheur immérité
D'échapper cette fois à la langue du serpent (†),
Nous ferons mieux avant peu,
Ou tenez Puck pour un menteur.
Adieu ; bonne nuit à tous.

(†) C'est-à-dire, aux sifflets.

COMÉDIE.

Applaudiſſez de vos mains, ſi nous ſommes amis,
Et Robin fera ſes efforts pour vous plaire à l'avenir.

(*Il sort.*)

Fin du cinquième & dernier Acte.

NOTES.

Cette Pièce est très-pittoresque, & ressemble à un riche paysage, où les Palais & les Chaumières, les Chasseurs & les Bourgeois, les Princes & les Paysans paroissent mêlés sur la même scène.

Mrs. GRIFFITH.

Quelque fantasque que soit cette Pièce, toutes les parties en sont bien composées, & bien écrites chacune dans le style & le ton qui leur convient, & donnent le plaisir que se proposoit l'Auteur. — Les Fées étoient fort en vogue de son tems : la tradition les avoit rendues familières, & le Poème de Spenser les avoit annoblies.

JOHNSON.

ACTE II.
SCENE III (1).

Tout le monde sait qu'Elisabeth est toujours désignée sous le nom de Vestale ; la Reine d'Ecosse, Marie, l'est ici sous celui de Syrène. Elisabeth ne pouvoit souffrir son éloge, & son successeur sa satyre. On voit par tous les traits de cette allégorie poëtique & ingénieuse, que c'est Marie d'Ecosse que le Poëte a en vue. 1°. Il l'appelle Syrène, pour défigner fon Empire fur un Royaume entouré de la mer. 2°. Sa beauté & fon incontinence exceffive. L'Empereur Julien nous dit que les Syrènes eurent une difpute fur la prééminence avec les Mufes, qui furent les plus fortes, & leur arrachèrent les ailes. Les difputes d'Elifabeth & de Marie, eurent la même origine & la même iffue. 3°. Le dos d'un Dauphin fait allufion au mariage de Marie avec un Dauphin de France, fils de Henri II. 4°. Sa douce & mélodieufe voix rappelle fes grands talens & fa fcience, qui en firent la Princeffe la plus accomplie de fon fiècle. Les hiftoriens François nous apprennent qu'elle prononça un difcours Latin dans la grande falle du Louvre, avec tant de grace & d'éloquence, qu'elle fut admirée de toute la Cour. 5°. La mer brutale & féroce défigne l'Ecoffe environnée de l'océan, qui fe fouleva contre le Régent, pendant le féjour de Marie à la Cour de France. Mais fon retour & fa préfence appaisèrent les troubles; & fi fa conduite poftérieure ne les eût pas de nouveau enflammés, elle auroit pu vivre & régner en paix. 6°. Les étoiles tombées défignent les nobles que Marie entraîna dans fa chûte; les Comtes de Northumberland & de Weftmorland, & le Duc de Norfolck, dont le mariage projetté avec elle eut les plus fatales conféquences: c'étoit le propre des Syrènes d'attirer les paffagers à leur ruine, par leurs chants doux & perfides.

WARBURTON.

ACTE V (2).

ANNE Green fut exécutée à Oxford le 14 Décembre 1650. Elle resta pendue par le cou pendant une demi-heure : quelques-uns de ses amis lui frappoient à grands coups sur la poitrine : d'autres se suspendoient de tout leur poids à ses jambes, tantôt la soulevant en l'air, & tantôt la laissant retomber en bas avec une secousse, afin d'abréger ses souffrances. — Après qu'elle eut été mise dans la bière, on reconnut qu'elle respiroit encore : un drôle robuste lui foula de toute sa force l'estomac & la poitrine, pour l'achever. Elle résista à tout. Les Docteurs Petty, Willis, Bathurst, & Clerk, lui donnèrent leurs soins, & la rappellèrent à la vie : je l'ai vue moi-même, saine de corps & d'esprit, plusieurs années après ; & elle eut même depuis plusieurs enfans. Les détails de son crime, de l'exécution, & de son rétablissement, sont écrits dans un petit pamphlet du Docteur Bathurst, intitulé ; *Nouvelles des Morts*.

GRAY.

REMARQUES

De M. Eschemburg, sur le Songe de la Nuit d'Été.

Cette Pièce, au premier aspect, présente un ensemble singulier. Des personnages, que l'ancienne histoire des Grecs nous a fait connoître, mêlés dans une action, qui n'est pas conduite d'après le système religieux de leurs tems, mais d'après les Fées chimériques & vulgaires d'un tems beaucoup plus moderne ; ces mêmes hommes, rendus spectateurs d'un jeu théâtral, qui n'a rien du caractère dramatique d'alors, mais toute la tournure de Pièces plus modernes. Ajoutez encore le mélange singulier des mœurs anciennes & des mœurs actuelles, & de tant de petits traits anachroniques, dispersés dans toute la Pièce, le transport rapide du spectateur d'un monde réel dans un monde allégorique, & de celui-ci dans l'autre ; toutes ces irrégularités préviendront peut-être tout esprit froid & méthodique contre cette Pièce de Shakespeare : mais elles n'empêcheront pas le Lecteur, dont l'esprit & l'ame sont moins rétrécis & moins glacés par la froide méthode, d'admirer l'étendue & la force de l'imagination de ce grand Poète ; la manière avec laquelle il peint des êtres imaginaires, des Fées & des Esprits, & qui est si différente de la représentation ordinaire de ces êtres ; l'intérêt qu'il sait donner lui-même à ces formes contre nature, sa connoissance de la marche que la passion a coutume de prendre ; en un mot, il trouvera ici par-tout des traces d'un génie extraordinaire.

Le titre de cette Pièce en annonce toute l'action : ce n'est qu'un jeu léger & fugitif, comme le Songe d'une nuit d'Été.

On ne peut pas indiquer avec certitude la source qui a fourni à Shakespeare le sujet de cette Pièce (†) : peut-être sa propre invention y a-t-elle beaucoup de part. On ne peut avec vraisemblance citer que quelques passages empruntés d'ailleurs. On sait qu'il s'est beaucoup servi de Plutarque, sans doute d'après une traduction Angloise : il paroît qu'il a du moins emprunté de cet Auteur les noms de plusieurs personnages, dans la description de la vie de Thésée. Quant à la féerie, on a déja observé dans la *Tempête*, qu'elle étoit très-connue de son tems, & que les contes des Fées étoient l'ouvrage de plusieurs anciens Poëtes. Un Poëme de cette espèce, de *Michel Drayton*, contemporain de Shakespeare, peut sur-tout lui avoir fourni plusieurs idées, s'il est vrai que ce Poëme soit antérieur à la Pièce dont nous parlons ici (a),

---

(†) Farmer fait mention d'une ancienne brochure de *Bettie*, sous le titre de *Titana and Thesus*. A la vérité, il ne l'a pas vue, mais on conjecture, par la ressemblance des noms, que Shakespeare pourroit bien y avoir puisé.

(9) *Nymphidia or the court of Faeries*. Il se trouve dans le second volume de ses Poëmes, qu'il mit au jour en 1627. Voyez Cibber's lives of the Poets, &c.

(a) Capell présume que l'édition des Poëmes de Drayton est an-

dont la premiere édition in-4°. ne parut qu'en 1600. Il y a entr'autres un vers qui s'accorde dans tous les deux.

Il est encore plus vraisemblable que le Poëte a tiré de deux histoires de *Chaucer*, plusieurs idées de sa Pièce, comme le dit le Docteur Gray dans ses Notes, où il a cité les endroits principaux de ces histoires, & les a comparées. La premiere est le *Conte des Chevaliers* (†). (The Knight's Tale.) J'en donnerai un court extrait, parce qu'on y remarquera quelques circonstances analogues, quoique le fonds soit en total différent de la fable de cette Pièce (§).

térieure, parce qu'il a vu une collection de ses pastorales de 1593. *Cibber* la cite aussi ; mais suivant ce qu'il en dit, la *Nymphidie* ne s'y trouve pas ; mais seulement dans le second volume de ses Poëmes : cependant, elle pouvoit avoir été imprimée plutôt.

(†) Voyez *Chaucer's Works*, By *John Urri*, Lond. 1721, fol. p. 6. ff. Les Œuvres de cet ancien Poëte mériteroient aussi d'être plus connues parmi nous par des extraits, & d'être comparées avec les narrations des Poëtes Allemands du quinzième & du seizième siècle, auxquels ils ressemblent tant, par les formes, par la versification, & par plusieurs autres rapports. L'histoire dont il est question, est une des plus longues, & contient 1250 vers. Farmer observe qu'elle a été tirée de Boccace, qui fit un Poëme héroïque (la Teseida), imprimé à Ferrare en 1475, & dont on a une Traduction françoise. (Essay on the Learning of Sh. p. 24.) On trouve la critique de ce Poëme épique dans Crescembeni (Istoria della volgar poesia, vol. 3. p. 188. ff.)

(§) Entr'autres circonstances qui rendent cette conjecture vraisemblable, on peut y ajouter que Thésée porte, dans ce Conte, le titre de Duc. Il est dit au commencement de la seconde partie :

There was a Duke that highte Theseus.
Il y avoit un Duc nommé Thésée.

Théſée fait ſon entrée dans Athènes avec Hyppolite qu'il a épouſée. Une troupe de femmes, en habits de deuil, viennent à ſa rencontre en gémiſſant ; elles ſe ſaiſiſſent de la bride de ſon cheval, & ſe plaignent de ce qu'elles ont perdu leurs maris devant Thèbes, que le tyran Créon vient d'envahir, & où il a refuſé la ſépulture aux corps de leurs époux, qu'il avoit fait entaſſer en un monceau, & livrés en proie aux chiens: elles implorent le ſecours de Théſée, qui les exauce, marche vers Thèbes, défait Créon, retourne à Athènes, & emmène avec lui les deux Chevaliers *Arcites* & *Palémon* priſonniers. On les enferme dans une tour. Dans le voiſinage de cette tour, *Emilie*, ſœur d'Hyppolite, qu'on repréſente comme une très-belle femme, célèbre la fête de *Mai*, dans un beau jour de printems (†). Palémon l'apperçoit par une ouverture de ſa priſon, la montre à Arcites ; ils deviennent amoureux tous les deux. Pirithous (§), autre Duc, viſite ſon ancien ami Théſée ; il lui demande la liberté d'*Arcites*; mais à l'inſtant on lui défend, ſous peine de mort, de ſéjourner ſur le territoire de l'Attique. Cette défenſe le rend très-mécontent de ſa liberté; d'un autre côté, Palémon eſt extrêmement jaloux du bonheur de ſon ami. La deſcription de ce qui ſe paſſe dans l'ame des deux amis, a bien des beautés & beaucoup d'expreſ-

---

(†) La fête du Mai eſt auſſi l'époque de l'action du Songe de la Nuit d'Été, & donne lieu à la rencontre des amans, à la fin du troiſième & du quatrième Acte.

(§) Plutarque dans la vie de Théſée, fait mention de l'amitié de Pirithous avec Théſée, de ce qui y a donné lieu, (Ad. Bryant vol. 1. p. 29.

sion. Arcites retourne à Thèbes. Mercure lui apparoît en songe, & lui commande de retourner à Athènes, s'il veut être heureux. Il s'éveille plein de cette résolution, trouve son visage tout changé, se déguise, arrive à Athènes sous la figure d'un pauvre journalier, & accepte du service chez *Philoſtrate*, allié d'Emilie. Cependant, *Palémon* est toujours dans la prison, jusqu'à ce qu'enfin, par le secours d'un ami, il en sort, après une détention de sept ans. Il se cache dans un bois, où Arcites vient un matin, pour y célébrer la fête de *Mai*, & où les deux amis se rencontrent. Ils se donnent rendez-vous au lendemain pour se battre. Mais le duel à peine commençoit, que Théſée arrive, accompagné d'Emilie & d'Hyppolite, qui l'avoient suivi à la chasse, & pour lesquelles, dit le Poète, il avoit la plus forte passion. Il les sépare; & les deux rivaux s'étant fait reconnoître, il les condamne d'abord à la mort: mais les deux Princesses prient pour eux. Théſée, considérant le pouvoir irréſiſtible de l'amour, leur pardonne, & promet la main d'Emilie à celui qui, cinquante semaines après, suivi de cent Chevaliers, sera le vainqueur de l'autre. Près de ce lieu étoient trois Temples dédiés à Vénus, à Mars & à Diane, dont le Poète fait une description pompeuſe. Le jour du grand tournois, Palémon fait sa prière dans le premier, Arcites dans le second, & Emilie dans le troiſième. Les trois Divinités prennent auſſi la plus grande part dans le combat, qui est décrit d'une manière très-pittoresque. La victoire est sur le point d'être décidée en faveur d'Arcites, quand tout-à-coup Pluton, à la priere de Saturne, fait sortir de la terre un feu qui épouvante le cheval du vainqueur, & le jette à terre: il est mortellement blessé de sa chûte, &

meurt peu de tems après. Il eft regretté généralement, & on lui fait les funérailles les plus pompeufes. Quelque tems après, Théfée fait alliance avec Palémon & les Thébains, & lui donne Emilie en mariage.

La feconde hiftoire de Chaucer, dont s'eft peut-être aidé Shakefpeare, pour travailler cette Pièce, eft la *Légende de Thifbé de Babylone*. Elle raconte l'hiftoire connue, & femble être faite d'après Ovide, dont le Poète fait auffi mention. Le Docteur *Gray* en a comparé quelques endroits, avec les difcours épifodiques, quoiqu'on n'y apperçoive pas clairement une imitation manifefte.

Parmi les Pièces qui paroiffent copiées du *Songe de la Nuit d'Été*, quelques critiques mettent le *Mafque* Oberon de *Ben Johnfon*. Ce morceau fut fait en l'honneur du Prince Henri; & quoiqu'on ne dife pas au jufte le tems où il a été compofé, on peut néanmoins le rapporter à l'année 1620. Le fonds de cette Pièce eft une fête en l'honneur du Roi des Fées, avec des chants & des danfes; les perfonnages font, pour la plûpart, des Satyres; & tout le travail eft dans le goût dominant alors de ces fpectacles allégoriques, fans qu'on y apperçoive la moindre reffemblance avec la Pièce de Shakefpeare: car le perfonnage d'Oberon, & le monde des Fées, étoient déja connus au loin; de même que l'ufage vouloit que les Efprits de cette efpèce n'agiffent que de nuit, & qu'on les fît difparoître à la pointe du jour.

Il y a plus de raifon de prendre pour une imitation du *Songe d'une Nuit d'Été* la fameufe Pièce de *Fletcher*, (la Bergete fidèle. C'eft une paftorale; la lecture du jugement de *Hurd* le confirme; il dit que le Poète furpaffe le *Taffe* dans

la

la variété de ses tableaux ; & que dans celle de Shakespeare, il y a des peintures où la vérité des mœurs & une certaine grace originale d'invention, sont au-dessus de toute imitation. Cette Pièce a en effet beaucoup de beautés, sur-tout dans le langage & dans l'expression. Elle mérite à cet égard toutes les louanges, que l'Auteur reçut à ce sujet de Ben Johnson & de son ami Beaumont, dans deux Poëmes particuliers. Le plan de Fletcher est trop resserré, & l'intérêt multiplié jusqu'à la confusion. Le personnage principal est *Amoret*, qui reste fidèle à son *Périgot*, malgré tous les obstacles que *Amarillis*, aidée d'un Berger méchant, oppose à leur amour. L'ensemble & le développement de cette Pièce se font par des moyens surnaturels, principalement par le secours d'une eau qui change la figure des personnes, & qui ensuite est si bienfaisante, qu'Amoret, blessée dangereusement, en est guérie. La principale ressemblance de cette Pièce avec celle de Shakespeare, se trouve, comme l'observe l'infortuné Docteur *Dodd*, dans la scène nocturne de la forêt, dans la querelle entre *Amoret* & *Périgot*, & dans le caractère du Satyre, qu'il paroît que le Poëte a emprunté des traits principaux d'Ariel dans la *Tempête* & de ceux de *Puck* dans celle-ci. Au reste, l'imitation n'est qu'éloignée, & telle qu'elle devoit être dans les mains d'un homme de génie comme Fletcher.

 Le jeu théâtral entre Pyrame & Thisbé est plein d'invention, & très-amusant dans son espèce. Si l'on fait attention aux vues du Poète, qui vouloit corriger les mauvais Acteurs de son tems, on trouvera moins singulier & moins impropre le mélange d'avantures qu'on y trouve. On fait qu'un de nos Poètes Allemans, *André Gryph*, a écrit une Pièce femblable, à laquelle Shakefpeare a évidemment fervi d'original.

FIN.

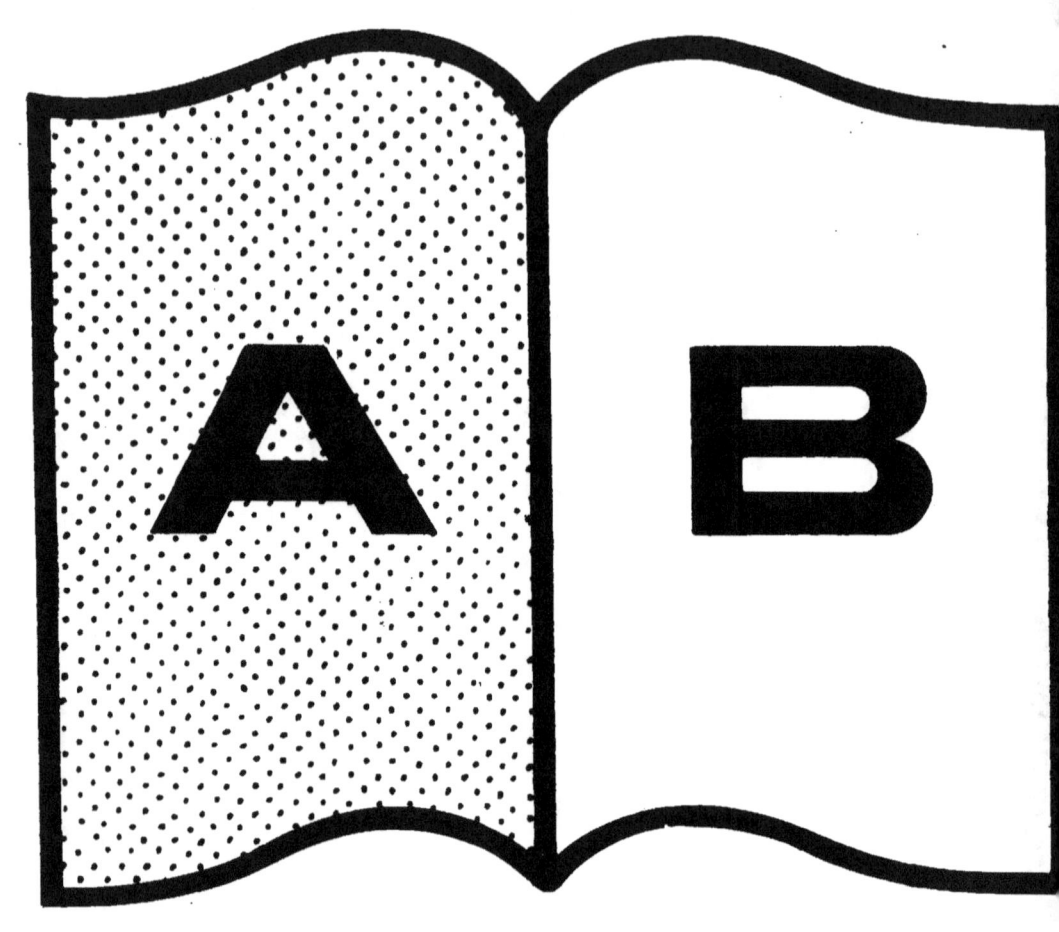

Contraste insuffisant

NF Z 43-120-14

www.ingramcontent.com/pod-product-compliance
Lightning Source LLC
Chambersburg PA
CBHW052046230426
43671CB00011B/1810